I0554758

# Das mächtige Buch der Schutzzauber

## Schutzzauber

Der Leitfaden einer Hexe zum Schutz vor
negativer Energie, psychischen Angriffen,
Flüchen und schädlichen Geistern

**Layla Moon**

© **Copyright 2023 - Alle Rechte vorbehalten.**

Der Inhalt dieses Buches darf ohne direkte schriftliche Genehmigung der Autorin oder des Herausgebers nicht reproduziert, vervielfältigt oder übertragen werden.

Unter keinen Umständen kann der Herausgeber oder die Autorin für Schäden, Wiedergutmachung oder finanzielle Verluste, die direkt oder indirekt auf die in diesem Buch enthaltenen Informationen zurückzuführen sind, haftbar gemacht werden.

Rechtlicher Hinweis:

Dieses Buch ist urheberrechtlich geschützt. Es ist nur für den persönlichen Gebrauch bestimmt. Du darfst weder Teile noch den Inhalt dieses Buches ohne die Zustimmung der Autorin oder Herausgebers ändern, verteilen, verkaufen, verwenden, zitieren oder umschreiben.

Hinweis zum Haftungsausschluss:

Bitte beachte, dass die in diesem Dokument enthaltenen Informationen nur für Bildungs- und Unterhaltungszwecke bestimmt sind. Es wurden alle Anstrengungen unternommen, um genaue, aktuelle, zuverlässige und vollständige Informationen zu präsentieren. Es werden keine Garantien jeglicher Art erklärt oder impliziert. Der Leser nimmt zur Kenntnis, dass die Autorin keine rechtliche, finanzielle, medizinische oder professionelle Beratung anbietet. Der Inhalt dieses Buches wurde aus verschiedenen Quellen entnommen. Bitte konsultiere einen qualifizierten Fachmann, bevor du die in diesem Buch beschriebenen Techniken ausprobierst.

Mit der Lektüre dieses Dokuments erklärt sich der Leser damit einverstanden, dass die Autorin unter keinen Umständen für direkte oder indirekte Verluste verantwortlich ist, die sich aus der Nutzung der in diesem Dokument enthaltenen Informationen ergeben, einschließlich, aber nicht beschränkt auf Fehler, Auslassungen oder Ungenauigkeiten.

# Inhaltsverzeichnis

# Inhaltsverzeichnis

# Deine KOSTENLOSEN Geschenke

Um dir auf deinem spirituellen Weg zu helfen, habe ich 4 GRATIS-Bonus-E-Books erstellt.

Du bekommst sofort Zugang, wenn du dich unten für meinen E-Mail-Newsletter anmeldest.

Zusätzlich zu den 4 kostenlosen Büchern erhältst du wöchentlich Tipps, kostenlose Buchverlosungen, Rabatte und vieles mehr.

Alle diese Geschenke sind 100 % kostenlos und ohne jegliche Bedingungen. Du musst keine persönlichen Daten angeben, außer deiner E-Mail-Adresse.

**Um deinen Bonus zu erhalten, klicke hier:**

**https://dreamlifepress.com/four-free-gifts**

**Oder scannen Sie diesen QR-Code**

**Geistführer für Anfänger: Wie du den Ruf des Universums hörst und mit deinem Geistführer und deinen Schutzengeln kommunizierst**

Geführt von Moon selbst, inspiriert von ihren eigenen Erfahrungen und dem Wissen, das seit Tausenden von Jahren von Hunderten von Generationen weitergegeben wurde, wirst du alles entdecken, was du wissen musst, um;

- Zu verstehen, was der Ruf des Universums ist

- Wie du ihn hörst und verstehst

- Zu wissen, wer und was deine Geistführer und Schutzengel sind

- Lernen, wie du dich mit deinen Führern verbindest, ein Gespräch beginnst und deinen Führern zuhörst

- Wie du deine Träume mit der Hilfe der kosmischen Quelle manifestieren kannst

- Wie du anfängst, das Leben zu leben, das du leben willst

- Und vieles mehr...

**Das Gesetz der Anziehung: Verwirkliche deine Wünsche**

Erfahre, wie du die unendliche Kraft des Universums anzapfen und alles manifestieren kannst, was du dir im Leben wünschst.

Enthält:

- Gesetz der Anziehung: Verwirkliche deine Wünsche E-Book

- Gesetz der Anziehung Arbeitsbuch

- Cheat Sheets und Checklisten, um sicherzustellen, dass du auf dem richtigen Weg bist

## Hoodoo Buch der Zaubersprüche für Anfänger: Einfache und effektive Wurzelarbeit, Beschwörungs- und Schutzzauber für Heilung und Wohlstand

Nutze die Kraft einer der größten Magien. Hoodoo ist eine mächtige Kraft, die ideal ist, um Negativität in Schach zu halten, Positivität in allen Bereichen deines Lebens zu fördern, den Dingen, die du liebst, Schutz zu bieten und letztendlich die Kontrolle über dein Schicksal zu übernehmen.

**In diesem Buch wirst du entdecken:**

- Wie du mit Hoodoo in deinem täglichen Leben beginnen kannst
- Wie du mit Beschwörungszaubern das Leben manifestieren kannst, das du leben willst
- Wie du mit Schutzzaubern die härtesten Zeiten überstehen kannst
- Wie man den Kreislauf des Unglücks durchbricht und das Glück im Leben fördert
- Wie man mit Hoodoo Wohlstand und finanzielle Stabilität fördert
- Wie man mit Hoodoo-Magie sowohl kurzfristige als auch langfristige Traumata und Probleme heilen kann
- Wie du Flüche entfernst und Schmerzen, Leiden und Negativität aus deinem Leben verbannst
- Und so viel mehr...

**Das Buch der Schatten**

Eine druckbare PDF-Datei, die dich bei deiner spirituellen Transformation unterstützt.

**In diesem Buch findest du:**

- Zaubertrank- und Tinkturenzettel

- Log-Seiten für ätherische Öle

- Kräuter - Log-Seiten

- Eine Checkliste für magische Rituale und spirituelle Körperziele

- Arbeitsblätter zum Tarotlesen

- Wöchentlicher Mond- und Planetenzyklus-Tracker

- Und so viel mehr

**Um deinen Bonus zu erhalten, klicke hier:**

https://dreamlifepress.com/four-free-gifts

**Oder scannen Sie diesen QR-Code**

SCAN ME

# Vorwort

*Auf das Beste hoffen, auf das Schlimmste vorbereitet sein und
von allem dazwischen nicht überrascht werden.*
-Maya Angelou

Jeder muss sich sicher fühlen, selbst der stärkste Mensch, den du kennst. Was tust du, wenn die üblichen Schutzmaßnahmen nicht ausreichen? Manche Leute begnügen sich mit dem, was sie haben, und hoffen auf das Beste. Sie erkennen nicht, dass sie die Macht haben, ihre Umstände zu ändern. Auch wenn Dinge passieren, die sich ihrer Kontrolle entziehen, bedeutet das nicht, dass sie die volle Kontrolle an das Schicksal abgeben müssen.

Andere, wie ich, wenden sich der Hexerei zu. Die Zauberei ist mein Retter gewesen. Ich bin jetzt in meinen Dreißigern und habe mein Leben von der ständigen Sorge, wie ich für mich und mein Baby sorgen soll, auf einen Sinn im Leben umgestellt. Wie alle Menschen habe ich immer noch mit Problemen zu kämpfen, aber jetzt habe ich das Rüstzeug, um mit den Situationen umzugehen, die auf mich zukommen.

Ich habe festgestellt, dass Schutzzauber die beste Verteidigung gegen alle möglichen Situationen sind, wie z.B. physische Angriffe, psychische Angriffe, finanzielle Probleme, Fahrzeugprobleme und alles andere, was Murphys Gesetz zerstören kann.

Ich werde nicht behaupten, dass Zaubersprüche dich vor jedem einzelnen Problem in deinem Leben schützen können. Wir sind schließlich auch nur Menschen. Wenn wir mit einer Hand winken und ein paar Worte sagen könnten, um jedes Hindernis auf unserem Weg zu umgehen, wäre jede Person eine Hexe. Jeder wäre auch zu Tode gelangweilt, weil es an Herausforderungen fehlt. Herausforderungen sind es, durch die wir uns auf diesem Planeten weiterentwickeln. Durch Zauberei *kann man* die Chancen zu seinen Gunsten verändern und seine Erfolgsaussichten - vielleicht sogar sein Überleben - verbessern.

Eines Abends musste ich von der Arbeit mit dem Bus nach Hause fahren. Mein Auto hatte eine Panne und ich hatte kein Geld für ein Taxi. Ich mache jeden Tag vor der Arbeit einen kurzen Schutzzauber, aber ich war trotzdem nervös. Ein unheimlicher Mann starrte mich aus dem hinteren Teil des Busses an. Ich konnte spüren, wie sich sein schleimiger Blick in meinen Hinterkopf bohrte. Ich drehte mich ein paar Mal um, und er machte sich nicht einmal die Mühe, seine Augen abzuwenden. Er starrte mich einfach unverhohlen an, bis ich wieder nach vorne blickte.

Der Bus hielt an und ich beeilte mich auszusteigen, weil ich unbedingt nach Hause wollte. Mein Herz raste, als er hinter mir ausstieg. Ich beschleunigte, und er hielt ein paar Meter hinter mir

Schritt. Ich war so erschrocken, dass ich weinen wollte. Stattdessen versuchte ich, ihn zu ignorieren und ging weiter in Richtung meines Wohnhauses. Ich stellte mir eine Barriere um mich herum vor und rief immer wieder ganz leise "Göttin, beschütze mich". Nach ein paar weiteren Schritten drehte sich der Widerling plötzlich um und ging in die entgegengesetzte Richtung.

War es der Zauberspruch, oder ist das Leben manchmal so? Es könnte beides sein, aber ich bin mir sicher, dass es aus einem bestimmten Grund der Zauber war. Wenn ein Raubtier dich einmal im Visier hat, wird es nicht aufhören, bis es dich nicht mehr als leichte Beute sieht. Niemand sonst war auf dieser Straße. Ich war so allein wie immer, aber er hat seine Meinung geändert. Das ist Hexerei. Ich habe das Blatt zu meinen Gunsten und gegen ihn gewendet. Jeder gerät mal in eine schwierige Situation, aber mit einem Zauber lässt sie sich leichter bewältigen.

Schutzzauber sind nicht nur für gefährliche Situationen geeignet. Du kannst einen Zauber sprechen, um dein Energiefeld zu schützen, wenn du vor einer Menschenmenge sprechen musst, um den nervigen Kollegen dazu zu bringen, dich einmal in Ruhe zu lassen, oder um dein Auto davor zu schützen, auf dem Parkplatz eine Beule zu bekommen. Alle diese Arten von Schutzzaubern könnten jeweils ein eigenes Buch füllen. Du musst die Möglichkeiten kennen, aber ich werde dir spezielle Zaubersprüche für die Hexerei beibringen. Du wirst Zaubersprüche gegen psychische Angriffe, schlechte Energie, Flüche und Geister lernen. Jede Hexe sollte diese Arten von Zaubersprüchen kennen. Sie sind wichtig für dein Handwerk und dein Wohlbefinden. Die Welt der unsichtbaren Kräfte birgt unsichtbare Gefahren, derer sich jede Hexe bewusst sein sollte.

## Aber warum?

"Diejenigen, die keine Hexerei praktizieren, erleben diese Dinge nicht, also bist du es, die sie anzieht."

Das habe ich im Laufe der Jahre schon so oft gehört. Es stimmt in dem Sinne, dass sich dein Energiefeld verändert, wenn du anfängst, und dass energetische Wesen neugierig werden. Meistens ist das aber harmlos. Die Aussage ist aber auch irreführend. Diese Dinge passieren auch normalen Menschen. Ihr Glück wendet sich grundlos, sie sind auf unerklärliche Weise launisch, wenn eine bestimmte Person den Raum betritt, und ihre schlechte Laune verschwindet, sobald sie den Raum verlässt, oder sie leiden unter einer plötzlich auftretenden Schlaflähmung, für die es keinen Grund gibt.

Menschen, die keine Erfahrung mit Magie haben, wissen nicht, warum diese Dinge passieren und können nichts dagegen tun, also blenden sie es aus und vergessen es. Hexen haben diesen Luxus nicht. Wir wissen, was wirklich unter der Oberfläche vor sich geht und haben die Fähigkeiten, etwas dagegen zu tun.

Beachte, dass ich "Fähigkeiten" und nicht "Macht" gesagt habe. Jede Person kann die Hexerei erlernen, wenn sie bereit ist, Zeit zu investieren und zu üben. Einige werden begabter sein als andere, wie bei jedem anderen Beruf auch, aber man kann es lernen. Du musst nicht mit bestimmten Fähigkeiten geboren werden, und du musst keine Hexen in deiner Blutlinie haben. Du musst auch nicht von einem seltsam riechenden nackten Kerl in einen Geheimbund eingeweiht werden, um Magie zu praktizieren. Eingeweihte praktizieren ihre Form der Magie, die für Außenstehende geheim gehalten wird, aber du bist frei, deine eigene Form der Magie zu praktizieren, ohne die Erlaubnis eines anderen Wesens. Du tust, was du willst, und schenkst den Neinsagern keine Beachtung. Wahrscheinlich befindest du dich auf einem sogenannten "Power Trip" und bist entschlossen, alle anderen unter deine Fittiche zu nehmen.

Was ich dir zeigen werde, ist eine Sammlung von Zaubern, die einfach genug für einen Anfänger sind und stark genug, um den Job zu erledigen. Du brauchst keinen Haufen ausgefallener Werkzeuge oder schwer zu findende Zutaten. Du brauchst eine gesunde Vorstellungskraft und einen echten Wunsch, deine Ziele zu erreichen. Die Vorstellungskraft ist das Zentrum der Schöpfung. Das ist eines der Geheimnisse dieser Hexe. Wenn die Leute "visualisieren" sagen, sollten sie eigentlich "vorstellen" sagen. Ich habe mich dessen selbst schuldig gemacht. Es reicht nicht aus, sich das Ziel vorzustellen, als sähe man fern. Alle deine Sinne müssen aktiv sein, damit der Zauber dein Ziel manifestieren kann.

Wenn du einer Halskette die Macht geben willst, eine schützende Barriere um dich herum zu errichten, wenn du sie trägst, wie soll diese Barriere dann aussehen? Wie wird sie aus der Halskette herauskommen, um dich zu umgeben? Wird sie ein Geräusch machen? Hat sie einen bestimmten Geruch (wie ein Kraut, das du für den Zauber verwendet hast) oder eine bestimmte

Beschaffenheit? Welche Farbe hat sie? Das mag kompliziert erscheinen, aber es passiert in Sekundenbruchteilen, wenn du eine Weile geübt hast. Diese Vorstellungskraft ist die wichtigste Zutat für jede Art von Zauber, die du ausübst. Ich frage mich, ob derjenige, der sich den Spruch "Es ist nur deine Vorstellungskraft" ausgedacht hat, dies wusste und es für sich behalten wollte.

Hexerei ist eine Lebensweise und für manche eine Religion. Es erfordert Studium, harte Arbeit und endlose Selbstuntersuchung. Zum hexerischen Denken gehören nicht nur Zaubersprüche und dumme Reime - du lernst zu meditieren, verschiedene Energien zu erkennen und mit ihnen zu arbeiten, andere Realitäten und ihre Bewohner kennenzulernen und zu verstehen, was du im Leben wirklich brauchst. Viele Menschen wissen, was sie *wollen*, aber nur wenige wissen, was sie *brauchen*. Lerne, langsamer zu werden und deine Seele zu nähren. Stürze dich nicht in die Sucht nach sofortiger Befriedigung.

Die meisten Hexen, die du in der Gemeinschaft findest, sind auch wissenschaftlich interessiert. Das hat sich organisch entwickelt, aber es ist eine sehr gute Sache. Wenn du Magie und Wissenschaft nicht in Einklang bringst, dann bringst du deine innere und äußere Welt nicht in Einklang. Innerlich kannst du die mächtigste Hexe der Welt sein, aber äußerlich bist du vielleicht in einer psychiatrischen Anstalt wegen Wahnvorstellungen. Eine weitere gute Seite dieses Gleichgewichts ist, dass Zauberei wie Experimentieren ist. Wir zaubern, weil wir Ergebnisse erzielen wollen. Wenn die Ergebnisse ausbleiben, wird der Zauberspruch entweder überarbeitet oder verworfen. Spirituelle Überzeugungen und verschiedene Techniken können nach eigenem Belieben hinzugefügt werden, aber die Energie hinter dem Zauberspruch ist dieselbe. Jede Religion in jeder Kultur hat im Laufe der Zeit ihr eigenes System der Magie gehabt. Meiner bescheidenen Meinung nach zapfen wir alle die gleiche Kraftquelle auf unterschiedliche Weise an.

## Lasst uns salzig werden

Salz ist eine der Hauptzutaten, auf die man stößt, wenn man sich über Hexerei informiert. Wenn du kein anderes Salz hast, reicht Kochsalz aus. Es ist ein starkes Reinigungs- und Schutzmittel und man findet es in jedem Lebensmittelgeschäft. Wenn du nichts anderes hast, solltest du immer Salz haben.

Salz sollte sparsam verwendet werden. Du brauchst keinen dicken Ring aus Salz um dich oder das zu schützende Objekt, um deine Aufgabe zu erfüllen. Ein wenig reicht völlig aus.

Bitte werfe das Salz oder salzhaltige Gegenstände nicht auf den Boden. Es ruiniert den Boden. Wenn es Wasser ist, reicht die Toilette oder das Waschbecken. Wenn es fest ist, werfe es einfach in den Müll. Wenn du eine Pulverbarriere um dein Haus herum errichten willst, ist pulverisierte Eierschale ein wunderbarer Ersatz.

Jetzt ist es Zeit für die Zaubersprüche! Dieses Buch sollte zusammen mit dem Türriegel und der Türklingelkamera (oder der Pistole und dem Pfefferspray, wenn das dein Ding ist) zu deinem Selbstverteidigungsarsenal gehören.

# KAPITEL 1

# Wer bin ich?

*Wenn du weißt, wer du bist, fühlt sich dein Ego sicher statt ängstlich und ist offener für Erkundungen.*
**-Julia Woodman**

Wer bin ich also und warum solltest du auf mich hören? Es gibt Unmengen von Zauberbüchern, und viele von ihnen befassen sich mit dem Thema Schutz. Unterschiedliche Menschen haben unterschiedliche Erfahrungen, und ich habe vielleicht etwas zu bieten, was du noch nicht gelesen hast.

Ich bin in Brooklyn, New York, aufgewachsen. Wie du dir vorstellen kannst, hat eine junge, schwarze Frau in der Stadt ihre eigenen Herausforderungen zusätzlich zu den normalen menschlichen Bedingungen - Bandengewalt, Überfälle, andere, die deinen Körper als den ihren beanspruchen, und ansonsten unsichtbar zu sein. Ich wurde in der Oberstufe schwanger. Meine Eltern waren eine große Hilfe mit dem Baby, und ich nahm einen Nachtjob an, damit ich für uns sorgen und meinen Abschluss machen konnte. Gleich nach dem Abschluss zogen wir alleine aus. Meine Eltern und ich haben uns oft über meine Lebensweise und meinen Erziehungsstil gestritten.

Ich will nicht lügen. Ich dachte, es würde einfach sein. Ich war ein dummes Kind, das annahm, dass ich einfach eine Nachbarin finden könnte, die auf das Baby aufpasst, während ich einen einzigen Job habe - in New York City. Die Realität hat mich schnell vor den Kopf gestoßen, als ich darum kämpfte, mehr Arbeit zu finden. Kinder haben ist teuer.

Auch wenn es mir damals nicht bewusst war, wollte ich unbedingt jemanden finden, der mich liebt und nicht gewickelt werden muss. Ich sehnte mich nach einer erwachsenen Beziehung, also ging ich aus. Und zwar sehr oft. Immerhin war ich klug genug, die Männer in die Wüste zu schicken, wenn sie ihre wahre Persönlichkeit zeigten. Ich war 24, als ich schließlich aufgab. Ich beschloss, dass es unmöglich war, einen guten Mann zu finden. Vielleicht war es ein Traum, und alle Männer waren giftig. Nach einem Anfall von schweren Depressionen wurde mir klar, dass mein kleiner Mann das einzig Wichtige in meinem Leben war. Ich nahm mir vor, mich nur noch auf sein Wohlergehen zu konzentrieren und mein Bestes zu tun, um ihn richtig zu erziehen.

Mit dem Kleinkind im Schlepptau beschloss ich, in die Buchhandlung zu gehen, um ein wenig aus dem Haus zu kommen. Ich stieß auf ein Buch namens *Das Gesetz der Anziehung: The Basics of the Teachings of Abraham* von Esther und Jerry Hicks. Als ich den Klappentext las, machte es bei mir Klick. Der Gedanke, dass ich ein besseres Leben für mein Kind und mich manifestieren könnte, war überwältigend. Aber ich war auch skeptisch. Ich ging noch einmal durch den Laden und schaute mir die Titel an, aber meine Gedanken waren immer noch bei diesem Buch. Ich schnappte es mir, als wir den Kreis geschlossen hatten, und gab mein mageres

Mittagsbudget dafür aus.

Ich habe es nicht bereut, dass mir in dieser Woche der Magen knurrte. Was ich lernte, machte die verpassten Mahlzeiten mehr als wett. Ich fand nicht nur die Kraft, mein bestes Leben zu manifestieren, sondern gewann auch die geistige Klarheit, um mich für den Erfolg zu rüsten. Es reicht nicht aus, Zauberei zu betreiben, du musst auch daran glauben, dass du es verdienst.

Ich las jedes Buch, das ich in die Finger bekam und das positive Veränderungen in meinem Leben bewirken konnte. Seitdem habe ich Hexerei und Hoodoo in meine Praxis integriert, und das Leben wird für mich und meinen Jungen immer besser und besser.

Das erste, was ich manifestierte, war ein besserer Job mit betrieblicher Tagesbetreuung. Das Wichtigste für mich war die Möglichkeit, für meinen Sohn da zu sein, wenn er mich brauchte. Dann habe ich daran gearbeitet, alle meine Schulden zu tilgen und schließlich in eine bessere Wohnung zu ziehen. Ich machte einen Online-Abschluss, der mir eine Gehaltserhöhung einbrachte. Ich war immer noch einsam, aber ich war einfach zu beschäftigt, um es zu bemerken. Zu diesem Zeitpunkt konzentrierte ich mich ausschließlich auf die Schutzmagie. Ich musste meine neue Stellung im Leben, mein Kind und mich selbst schützen, während ich das Leben in der Stadt überlebte.

Auf dem Weg dorthin fand ich einige großartige Freunde in der magischen Gemeinschaft, die mir halfen, die Einsamkeit zu lindern. Vor drei Jahren lernte ich online jemanden kennen. Ich weiß, das widerspricht der Idee des Schutzes. Ich überprüfte seinen Hintergrund und las dann im Tarot, ob ich mich mit ihm auf einen Kaffee treffen sollte. Die Überprüfung ergab nichts Auffälliges. Er war geschieden, hatte zwei Kinder, die bei ihrer Mutter lebten, hatte einen anständigen Job und lebte in einem Viertel der unteren Mittelschicht. Er arbeitete hart und verbrachte seine freie Zeit nicht mit Partys. Die Deutung fiel gut aus. Die Karten deuteten sogar darauf hin, dass er bald eine Beförderung erhalten würde. Also ging ich das Risiko ein und traf mich mit ihm auf einen Kaffee.

Er ist der beste Freund, den ich mir je wünschen konnte. Er ist sanftmütig, kann gut mit meinem Sohn umgehen und hat Interesse an der Hexerei gezeigt. Wir streiten selten und haben immer Spaß, wenn wir zusammen sind. Wir wollen beide unsere eigenen Räume behalten und keiner von uns will mehr Kinder. Das kann sich in Zukunft ändern, aber wir haben es nicht eilig. Ich habe keinen Zauber gemacht, um ihn zu finden. Wenn du dich eine Weile mit Magie beschäftigst, werden sich die Dinge von selbst regeln. Du arbeitest aktiv daran, dein Energieniveau so zu erhöhen, dass es deinem höchsten Wohl dient, und das Universum sieht das.

# Übliche Zutaten für Zaubersprüche

Es gibt viele Werkzeuge, Kuriositäten und Pflanzen, mit denen du deine Zaubersprüche wirken kannst. Die Hexerei ist heutzutage ein riesiger Markt. Ich begann wie viele andere auch. Ich wollte alles kaufen, von dem in jedem Buch stand, dass ich es brauche.

Ich wurde von den schönen Spielzeugen und Dekorationsartikeln angezogen. Ich wollte alles haben, was mich als Hexe auszeichnete. Ich kaufte, was ich konnte, aber mein ganzes übriges Geld war für meinen Sohn bestimmt. Als ich mein erstes Buch über Hoodoo las, machte es klick. Bei Hoodoo geht es darum, das zu benutzen, was du zur Verfügung hast, und genug Kraft einzusetzen, um großartige Ergebnisse zu erzielen. Es steht dir frei, all die schönen Dinge zu benutzen, wenn du willst, aber ich persönlich erhalte bessere Ergebnisse, wenn ich das benutze, was ich habe oder im Supermarkt kaufen kann. Dies ist kein Buch über Hoodoo. Es ist eine Kombination aus allem, was ich im Laufe der Jahre gelernt habe, und der Einstellung "Nimm das, was du hast". Du solltest nicht materialistisch sein und dich nur auf das konzentrieren, was du brauchst.

Auch Ein-Euro-Shops sind fantastische Hexenmärkte. Außer Salz gibt es noch ein paar andere Zutaten, die du dir auf dem Heimweg von der Arbeit besorgen kannst.

- Pfeffer ist großartig zum Bannen und Schützen. Schwarzer Pfeffer und rote Pfefferflocken sind meine Favoriten.

- Rosmarin ist perfekt für die Reinigung der Aura. Ich lasse ihn gerne einweichen und gebe ihn in eine Sprühflasche. Du kannst ihn als Tee trinken, um deine Energie von innen und außen zu reinigen.

- Kaffee beschleunigt den Prozess eines jeden Zaubers.

- Sternanis öffnet dein übersinnliches Bewusstsein und hilft dir festzustellen, wovor du Schutz brauchst.

- Als Kerzen eignen sich die Notfallkerzen oder Glaskerzen aus dem Supermarkt. Bei vielen Gelegenheiten habe ich mich mit Lufterfrischer-Kerzen begnügt, und sie haben gut funktioniert. Teelichter sind preiswert und werden in großen Packungen geliefert. Ihre Brenndauer ist in der Regel perfekt für die meisten Zaubersprüche.

- Die Räucherstäbchen aus diesen Geschäften haben nicht die beste Qualität, aber sie reichen zur Not aus. Achte allerdings darauf, dass der Raum gut belüftet ist, wenn du sie verbrennen.

- Eine Sammlung von scharfen Gegenständen (Vorsicht!) eignet sich hervorragend für Zauberflaschen und Zauberbeuteln. Zerbrochenes Glas, Stecknadeln, Nadeln und Nägel sind am einfachsten zu bekommen.

- Stift und Papier sind für jede Hexereipraxis unerlässlich. Du wirst Petitionen und Namenspapiere schreiben, deine Siegel anfertigen und deine eigenen Aussagen über deine Absichten machen.

- Wenn du auf Musik stehst, ist ein Musikplayer sehr praktisch, um dich in Stimmung zu bringen.

- Ein langes Feuerzeug für die Kerzen und das Papier ist wichtig, besonders wenn du die Sieben-Tage-Glaskerzen magst.

- Du solltest eine metallene oder anderweitig feuerfeste Schale zum Verbrennen von Petitionen und Siegeln - oder was sonst noch verbrannt werden muss - haben.

- Wenn du etwas verbrennen willst, solltest du immer einen Feuerlöscher zur Hand haben. Lass niemals Kerzen oder andere Dinge brennen. Stelle sicher, dass alles gelöscht und abgekühlt ist, wenn du fertig bist.

Jetzt hast du eine Liste mit grundlegenden Hilfsmitteln, die du im Laufe der Zeit erweitern kannst - und vergiss nicht, dass die Natur alles bereitstellen kann, was du brauchst. Alles, was den Elementen Erde, Luft, Feuer, Wasser und Geist entspricht, wird jedes Ziel, das du hast, erfüllen.

## Schutz ist wichtig

Jemand fragte mich einmal: "Warum brauchst du Schutzzauber? Wir haben doch Waffen."

Diese Person hatte offensichtlich keine Ahnung von der spirituellen Welt. Ich bin gefährlichen Geistern begegnet, Astralparasiten (das sind geistlose Wesen, die sich gerne an deine Aura klammern), bösen Praktizierenden, die Menschen ohne Grund verfluchen, und neuen Praktizierenden, die nicht gelernt haben, die magischen Tore, die sie geöffnet haben, richtig zu schließen.

Es gibt auch die Neider, denen du in deinem täglichen Leben begegnest. Sie wissen nicht, dass sie dich mit Magie beschwören, aber ihre schlechten Gefühle bleiben haften und verursachen alles Mögliche, von plötzlicher Lethargie bis hin zu einer Pechsträhne. Dies ist das Böse Auge - ein Fluch, der aus Neid geboren wird.

Dazu gehören auch Energievampire. Sie wissen in der Regel nicht, dass sie es tun, aber sie saugen die Energie aus dir heraus. Du wirst dich deprimiert und müde fühlen, wenn du mit ihnen zu tun hast. Du wirst dich besser fühlen, wenn sie dich verlassen, aber schon bald sind sie wieder da, mit mehr vom Gleichen. Sie werden zu Junkies nach deiner Energie, weil sie ihre eigene nicht aufrechterhalten können. Es gibt keinen Grund, diese Leute anzugreifen. Schütze einfach deine Aura, dann wird dir nichts passieren. Jeder hat diese Dinge von Zeit zu Zeit erlebt, auch wenn er sich dessen nicht bewusst war. Sich dessen bewusst zu sein, ist vorzuziehen. Unwissenheit ist kein Segen, glaub mir.

Dämonische Besessenheit ist nicht so verbreitet, wie die Medien glauben machen wollen, zumindest nicht im biblischen Sinne. Es gibt Menschen, die rituelle Besessenheit als Teil ihrer Religion praktizieren, aber das ist etwas ganz anderes als das, wovon ich spreche. Ich habe nur einen Fall von Besessenheit mit Feuer und Schwefel gesehen. Ich habe mir vor Ort ein Exorzismusritual ausgedacht, und es hat funktioniert, aber erst nachdem ich mich übergeben und in Zungen gesprochen hatte. Das Traurige daran ist, dass der Dämon der besessenen Person ihr das Gefühl gab, mächtig zu sein. Ein paar Wochen später bat sie darum, dass der Dämon zurückkommen möge. Ich habe diese Person nie wieder gesehen. Das war genug, um mir klar zu machen, dass so etwas passiert, wenn auch selten, und dass ich darauf vorbereitet sein muss.

Irdische Geister wie Gespenster und Landgeister sind die neugierigsten Wesen, denen ich je begegnet bin. Wenn ich einen Kreis werfe oder eine Kerze anzünde, taucht immer ein Geist auf, der neugierig ist. Sie haben ernsthafte Probleme mit ihren Grenzen. Scheue dich nicht, ihnen zu sagen, dass sie sich um ihre Angelegenheiten kümmern sollen, und streue etwas Salz nach ihnen, wenn sie beim ersten Mal nicht zuhören. Normalerweise gehen sie weg, sobald sie sehen, was los ist. Wenn sie zu stur sind und dich belästigen, solltest du eine vollständige Reinigung durchführen und ihnen klar machen, dass sie nicht willkommen sind.

Die Menschen des Alltags sind dein größter Feind. Sie bringen ihr eigenes psychisches Gepäck mit, und das haftet oft an den Menschen in ihrer Umgebung. Sie merken es nicht, und die Menschen, denen sie begegnen, auch nicht. Wenn du anfängst, deine übersinnlichen Sinne zu entwickeln, wirst du in der Lage sein, zu erkennen, wann das passiert, und dich darum zu kümmern, wenn es kommt. Eine der wichtigsten Erkenntnisse, die ich gewonnen habe, ist, dass es einen Grund gibt, warum manche Menschen giftige Menschen in ihrem Leben anziehen und andere anständige Menschen. Die Energie der letzten Person, mit der du zusammen warst, bleibt haften und zieht mehr davon an. Das führt oft zu einem Kreislauf der Negativität, der fast unmöglich zu durchbrechen ist. Ich werde dir beibringen, wie du die verbleibenden Schwingungen beseitigen und eine Barriere errichten kannst, damit so etwas nicht wieder passiert.

Eine weitere Gefahr, die ich selten gesehen habe, ist die Gesellschaft, in der du dich befindest, einschließlich deines Arbeitsplatzes. Je länger man mit jemandem in engem Kontakt ist, desto mehr beginnen sich die Energien zu synchronisieren. Das hat sich besonders für meine Freunde, die im medizinischen

Bereich arbeiten, als nachteilig erwiesen. Ich kenne Leute, die in Pflegeheimen, Krankenhäusern und mit Behinderten gearbeitet haben. Sich um andere zu kümmern ist anstrengend, aber für Menschen in diesen Bereichen ist es noch anstrengender. Du musst nicht nur mit deiner eigenen Empathie für die Menschen, die du betreust, umgehen, sondern auch darauf achten, dass deine Energie nicht mit der der anderen übereinstimmt. Eine Möglichkeit, dies zu erkennen, besteht darin, auf Ihr Auftreten und Ihre Ausdrucksweise zu achten. Vielleicht sagt ein Patient etwas, das du süß oder lustig findest, und du fängst an, es nachzusprechen. Du fängst an, die Gestik und Mimik des anderen zu imitieren. Bald wirst du anfangen, dich geistig wie der Patient zu fühlen. Wenn er depressiv ist, bist du es auch. Wenn sie Gedächtnis- oder Verhaltensprobleme haben, wirst du das auch. Du musst in der Welt des Gesundheitswesens wachsam sein, wenn es um Reinigung und Schutz geht.

## Kulturelle Aneignung

Ich bin eine eklektische Hexe. Ich habe viele Arten von Magie aus vielen Kulturen studiert und praktiziert. Ich werde nicht behaupten, ein Mitglied einer dieser Kulturen zu sein - ich bin ein Millennial aus Brooklyn. Ich glaube daran, gut informiert zu sein, damit ich den richtigen Zauber für eine bestimmte Situation finden kann. Jede Kultur hat ein Körnchen Wahrheit, so wie jede Mythologie eine Flutgeschichte hat. Zugegeben, es gibt geschlossene religiöse Systeme, die für bestimmte Kulturen spezifisch sind und die ich nicht anfassen werde. Hexerei ist die Ausübung von Magie, nicht ein religiöses System, das sie beinhaltet. Ich bete gelegentlich zur Göttin, denn ich sehe die

Erde als die große Göttin. Sie hat uns alle geboren und unterstützt uns, auch wenn wir sie missbrauchen.

Ich werde niemanden bitten, dasselbe zu glauben, aber ich werde dich bitten zu glauben, dass du durch Zauberei die Kontrolle über dein eigenes Leben zurückgewinnen kannst. Hör auf, durch die Labyrinthe anderer Leute zu rennen, und baue dir dein eigenes. Glaube an dich selbst und die Magie wird geschehen. Schließlich ist das Größte am Menschsein der freie Wille.

## Zusammenfassung

In diesem Kapitel hast du gelernt:

- Wer ich bin und wie meine Praxis dir helfen kann.

- Welche Grundzutaten du vorrätig haben solltest.

- Warum Schutz wichtig ist.

- Mein Haftungsausschluss zur kulturellen Aneignung.

# KAPITEL 2

# Den Zauber anwenden

*Energie kann weder erzeugt noch vernichtet werden.*
**-Albert Einstein**

## Was ist Zauberei?

Nicht jede Person, die dieses Buch in die Hand nimmt, wird eine erfahrene Hexe sein, daher hier einige Grundlagen, die du kennen solltest. Du kannst diesen Teil gerne überspringen, wenn du weißt, was du tust.

Beim Zaubern werden Wunsch, Vorstellung und die entsprechenden Zutaten kombiniert, um eine Veränderung im realen Leben zu bewirken. Diese Komponenten zusammen bringen die Energie in Bewegung, um auf dein Ziel hinzuarbeiten. Wenn du einer bestimmten Tradition angehörst, wird die Anrufung deiner Gottheiten und anderer Mächte mehr Energie für dieses Ziel freisetzen. Wenn du keiner Tradition folgst und dich dafür entscheidest, die Arbeit ohne die Hilfe von Göttern oder Geistern zu tun, ist das in Ordnung. Du kannst mit der Energie arbeiten, die du zur Verfügung hast.

Mit "Energie" meine ich nicht die, für die du die Stromrechnung bezahlst. Es ist die unsichtbare Kraft, die dieses Leben zusammenhält. Wie ein riesiges Spinnennetz verbindet sie alle und alles. Sie reicht in die Vergangenheit, die Gegenwart und die Zukunft. Einige von uns wissen, wie sie dieses Netz steuern können, um uns Dinge zu bringen, die wir wollen, und Dinge zu verbannen, die wir nicht wollen. Wir befinden uns in diesem Netz und versuchen, uns hindurch zu manövrieren. Die Zauberei kann uns das erleichtern, indem wir Teile des Netzes herausreißen und es nach unseren Wünschen lenken. Es gibt unzählige Möglichkeiten, dies zu tun, weshalb ich glaube, dass jedes Magiesystem seine Vorzüge hat.

## Vorbereitung des Zaubers

Zuerst musst du dich reinigen. Ein Bad, ein Kräuterspray oder eine Reinigung mit Räucherstäbchen reichen dafür aus. Dies reinigt nicht nur deine Aura von jeglicher verweilender Negativität, sondern dient auch dazu, dich in den richtigen Geisteszustand zu versetzen. Du musst ruhig und bereit sein, den Zauber zu wirken. Wenn du immer noch wütend über den Kollegen bist, der über dich tratscht, musst du das erst loswerden, bevor du einen Zauber zum Schutz deiner Oma machst.

Wenn du irgendwelche Wahrsagetechniken kennst, solltest du sie anwenden. Frag dich, ob du den richtigen Zauber für die Situation anwendest, ob es noch etwas gibt, das du zusätzlich zum Schutz bearbeiten solltest, und wenn du für jemand anderen zauberst, stell sicher, dass du die ganze Geschichte kennst.

Jemand, den ich kenne, kam weinend zu mir, weil seine Ex-Frau versuchte, ihm die Kinder wegzunehmen. Er bat mich, ihn und die beiden Jungen zu schützen und seine Ex-Frau zu verbannen. Ich arbeite nicht für Geld, aber wenn ich das Gefühl habe, dass die Sache gerecht ist, werde ich helfen. Ich habe Tarot-Lesungen gemacht, bevor ich mich an die Zauberei wagte. Ich habe meine Karten sogar direkt vor ihm gezückt. Ich fand heraus, dass er nur so tat, als wäre er das Opfer. In Wirklichkeit war er ein missbräuchlicher Trinker, der alle drei verletzt hat. Ich konfrontierte ihn damit und er gestand. An diesem Tag lernte ich, wie wichtig Wahrsagerei vor der Zauberei ist.

Nun solltest du entscheiden, was dein Ziel ist und welchen Zauber du dafür am besten anwendest. Sammle alle Werkzeuge und Zutaten, die du brauchst, falls vorhanden. Vergiss die kleinen Dinge nicht, die du vielleicht brauchst, wie ein Feuerzeug, wenn du mit Feuermagie arbeitest. Bereite alles so vor, dass es bereit ist, wenn du es bist. Wenn du während des Zaubers anhalten musst, um etwas zu suchen, kann das deine Konzentration unterbrechen. Das macht den Zauber nicht ungültig oder zerstört ihn, es ist nur lästig und du musst danach wieder in den Hexenmodus zurückkehren.

Als Nächstes musst du dich in die richtige Geisteshaltung versetzen. Es ist an der Zeit, die reale Welt auszublenden und in den Magie-Modus zu wechseln. Es gibt viele Möglichkeiten, das zu erreichen. Manche meditieren, manche singen. Ich zünde gern eine Kerze und Weihrauch an, lege Musik auf, die zum Ziel passt, und versinke ein paar Lieder lang darin. Wenn ich mich besonders schlecht fühle, lege ich Musik auf, die mir Kraft gibt. Mit der Zeit wirst du eine Methode finden, die für dich am besten funktioniert. Es geht darum, das normale Leben für eine Weile zu vergessen.

Wenn du Musik auf deinem Handy hast, schalte alle Benachrichtigungen aus. Du willst nicht, dass die Ablenkung durch deinen Klingelton die Stimmung verdirbt. Stelle außerdem sicher, dass du nicht von anderen Personen im Haus gestört wirst. Verwende Kopfhörer oder Ohrstöpsel, wenn es bei dir zu Hause laut ist. Es hilft dir wirklich, dich zu konzentrieren, wenn du es aushältst, die ganze Zeit etwas in den Ohren zu haben.

## Erkennen, wann ein Zauber notwendig ist

Woher weißt du, wann du einen Schutzzauber brauchst, besonders wenn du deine täglichen Schutzmaßnahmen eingehalten hast? Es gibt Anzeichen, an denen du es erkennen kannst, und die Wahrsagung wird dir die Bestätigung geben. Die meisten dieser Anzeichen haben auch weltliche Ursachen, also schließe diese zuerst aus. Wenn du dich krank fühlst, solltest du einen Arzt aufsuchen, bevor du voreilige Schlüsse ziehst.

- Plötzlich auftretende Kopfschmerzen, Übelkeit und Nasenbluten können auf ernsthafte Erkrankungen hinweisen. Wenn ein Arzt sie ausgeschlossen hat, könnten sie auch das Ergebnis eines aktiven psychischen Angriffs sein. Mit aktiv meine ich, dass der Täter genau weiß, was er tut, und will, dass du leidest.

- Wenn du dich ausgelaugt fühlst, wenn du in die

Öffentlichkeit gehst, bedeutet das, dass deine Aura von allen um dich herum überwältigt wird. Energien prallen aufeinander und du wirst überreizt. Das ist normal und eine grundlegende Barriere sollte das Problem lösen.

- Plötzliche Stimmungsschwankungen können auf verschiedene medizinische Probleme zurückzuführen sein, von psychischen Erkrankungen bis hin zu hormonellen Ungleichgewichten. Wenn dies nicht der Fall ist, dann ist es in der Regel ein Zeichen für eine geistige Anhaftung, normalerweise ein Geist, der versucht, deine Aufmerksamkeit zu erregen. Wenn dies mit zu vielen elektrischen und mechanischen Fehlfunktionen einhergeht, als dass es ein Zufall sein könnte, dann könnte es dämonisch sein und du solltest sofort eine Reinigung und dann einen Schutz durchführen.

- Wenn du Haustiere hast, können sie Dinge sehen, die du nicht sehen kannst. Ich hatte sowohl Hunde als auch Katzen, die mich vor vorbeiziehenden Geistern im Haus gewarnt haben. Sie starrten ins Leere und knurrten manchmal wegen nichts. Ein Freund hatte einen afrikanischen Graupapagei, der immer rief: "Kleiner Junge! Komm her!" Der Vogel konnte nicht in ganzen Sätzen sprechen, aber ich fand heraus, dass der Name des Jungen Nathaniel war und dass er gerne den fehlenden Zeh des Vogels verarztete.

- Auch andere Tiere sind dafür bekannt, dass sie uns warnen. Eine Eule hat mich jede Nacht angehupt, bis ich mich und meinen Sohn besonders geschützt habe. Danach habe ich nie wieder etwas von ihr gehört.

- Achte auf deine Träume. Ungewöhnliche Albträume sind in der Regel ein Zeichen dafür, dass du in irgendeiner Form angegriffen wirst. Ich spreche hier nicht von normalen Albträumen, in denen du nackt im Klassenzimmer sitzt. Die, die ich meine, neigen dazu, heftig zu werden und dich am nächsten Tag krank zu machen. Manche Personen neigen zu nächtlichen Angstzuständen, so dass dies nicht auf sie zutrifft.

Als Hexe geschützt zu sein, bedeutet, Dinge zu bemerken, auf die die meisten nie achten würden, und kompetent genug zu sein, sie loszuwerden. Im Zweifelsfall solltest du eine Lesung durchführen oder durchführen lassen.

# Andere Zutaten, die du benötigst

Die Grundzutaten für Schutzzauber habe ich bereits genannt. Diese solltest du für jede Art von Schutz, die du brauchst, griffbereit haben. Jetzt möchte ich dir eine Liste der Zutaten geben, die du nur für dieses Zauberbuch brauchst, damit du alles hast, bevor du beginnst.

- einen kleinen Spiegel, der eine Kerze hält.

- Florida Wasser.

- Selenit (optional).

- klarer Quarz (optional).

- Schüsseln und Utensilien zum Mischen von Kräutern.

- eine feuerfeste Schale oder etwas, das sich ebenso gut zum Verbrennen von Papier und Kräutern eignet.

- Organzabeutel.

- Sprühflaschen.

- Kanister und Flaschen mit Deckeln.

- einen kleinen Kunststoffbehälter mit verschließbarem Deckel.

- kleine Schalen für Wasser und Salz.

- eine kleine Wasserspeier-Statue.

- ein Feuerzeug für den Flammenwerfer-Zauberspruch.

- einen Charme für dein Fahrzeug.

- eine rote Kerze.

- Lippenbalsam.

- Ammoniak.

- Lavendel.

- eine Klangschale oder ein Tamburin.

- ein Messer zum symbolischen Schneiden.

- String.

- Mohnsamen.

- Einfacher weißer Reis.

- Lebensmittelfarbe.

- Quellwasser.

- Nägel.

- Eisenpräparate in Tablettenform als symbolischer Ersatz für Eisenpulver.

- Knoblauch.

- Zwiebeln.

- Zimt gemahlen.

- gemahlene Nelken.

## Zeitpunkt

Wahrscheinlich hast du schon das eine oder andere Buch gelesen, in dem davon die Rede ist, wie wichtig es ist, den Zeitpunkt des Zaubers richtig zu wählen. Du wirst feststellen, dass dieses Buch keine Anweisungen zum richtigen Zeitpunkt enthält. Der einfache Grund dafür ist, dass du die Schutzarbeit jederzeit machen kannst, wenn du sie brauchst.

Es wird allerdings etwas komplizierter, wenn du tiefer in die Praxis eintauchst. Wie Farben und Kräuter sind auch Mondphasen und

Astrologie Verstärker für deine Zauberei. Sie verleihen Energie, um sie ein wenig mächtiger zu machen, aber sie sind nicht erforderlich, damit die Magie funktioniert. Du bist der Zaubernde. Wenn du glaubst, dass du die zusätzliche Kraft brauchst, gibt es mehrere Möglichkeiten, das Timing zu umgehen.

## Geladenes Wasser

- Du brauchst kleine verschließbare Flaschen und destilliertes Wasser. Größere Flaschen sind gut geeignet, wenn du diese Methode häufig anwenden willst. Destilliertes Wasser verdirbt nicht wie Leitungswasser. Du wirst es nicht trinken.

- Stelle für eine bestimmte Mondphase eine Flasche raus, wenn die Sonne untergeht. Bring sie vor dem Schlafengehen herein (oder bevor die Sonne aufgeht).

- Für andere astrologische Korrespondenzen stell deine Wasserflaschen zu diesen Zeiten heraus.

- Bei planetarischen Wässern rufst du durch deine Vorstellungskraft die Kraft des jeweiligen Planeten ins Wasser.

- Achte darauf, dass du deine Flaschen beschriftest. Wenn eine von ihnen trüb wird oder schal aussieht, solltest du sie ersetzen.

- Verwende sie anstelle von anderen Wässern in deinen Zaubersprüchen, um einen zusätzlichen Schub zu erhalten.

## Astrologische Kerzen

Jeder Planet hat seine eigene Farbzuordnung, ebenso wie jedes Sternzeichen. Außerdem haben sie alle Symbole, die leicht in eine Kerze geschnitzt werden können.

- Nimm eine Kerze in der Farbe, die du brauchst, und ritze das entsprechende Symbol in sie ein. Säulen eignen sich hervorragend dafür, weil sie später für ähnliche Zauber verwendet werden können.

- Du kannst auch eine Kerze wählen, die für den Zauber geeignet ist, und das Symbol in sie einritzen. Diese Methode ist zauberspezifisch, daher ist eine kleinere Kerze ratsam.

- Du kannst eine persönliche Kraftkerze haben, die du jedes Mal anzünden kannst, wenn du einen Zauber sprichst. Es handelt sich um eine große Stumpenkerze in der entsprechenden Farbe, die mit deinem Sternzeichen, Namen und Geburtstag graviert ist.

## Kräuter

Auch Kräuter haben astrologische Einflüsse. Die meisten Kräuter, die du verwendest, haben bereits die richtige Planetenassoziation für deinen Zauberspruch, so dass du nicht viel tun musst. Du kannst die Assoziation auch in deinen Gesängen verstärken.

## Rückwärts arbeiten

Wenn du mit magischem Timing arbeiten willst, aber gerade jetzt einen Zauber brauchst, kannst du den Zauber rückwärts an den Zeitpunkt und die Zutaten, die du zur Hand hast, anpassen.

Dein Gehalt war zu gering, und du hast noch eine Rechnung zu bezahlen. Außerdem hast du fast keine Lebensmittel mehr im Haus. Du brauchst schnell Geld, sonst wird dir das Wasser abgestellt und du verhungerst bis zur nächsten Gehaltszahlung. Der Mond ist abnehmend, was sich für eine Verbannung anbietet, was kannst du also tun?

- Schau in deinen Schrank und in den Vorrat an Fast-Food-Gewürzen, den du aufbewahrst (das tun wir alle). Wahrscheinlich hast du dort irgendwo schwarzen Pfeffer.

- Nimm deine Rechnung (oder eine schriftliche Darstellung davon, wenn sie elektronisch ist) und bedecke sie mit dem Pfeffer.

- Halte deine Hände über das Papier und stell dir vor, dass schwarzes Licht hineinfließt. Sprich: "Ich verbanne diese Rechnung mit all meiner Kraft. Diese Rechnung ist ab heute Abend verschwunden!"

- Lass sie liegen. Wenn es nicht klappt, versuche es weiter.

Du hast deine Rechnung gebannt. Das könnte dir das Geld bringen, das du brauchst, aber es kann auch sein, dass du einen Bescheid bekommst, dass du zu viel bezahlt hast. Das ist mir schon zweimal passiert.

Okay, du hast etwas für die Rechnung getan, aber was ist mit dem Essen? Du brauchst dringend Lebensmittel, und dein Magen knurrt heftig.

- Lege deine Hände auf deinen Bauch und schließe deine Augen. Sage: "Geh weg Hunger. Du wirst bald essen."

- Gib danach deinem Bauch einen beruhigenden Klaps.

Du hast soeben deinen Hunger einfach gebannt. Das bedeutet nicht, dass du dich plötzlich satt fühlst, aber es könnte bedeuten, dass dich jemand anruft und dich einlädt, oder ein Nachbar gibt dir eine Kiste mit Lebensmitteln, die er nicht braucht. Vielleicht findest du einen Fünf-Euro-Schein auf dem Boden, mit dem du Bohnen und Reis kaufen kannst, um bis zur nächsten Gehaltszahlung durchzuhalten.

Du solltest in dieser Zeit proaktiv handeln. Erkundige dich bei NGOs, frage nach, ob du bei deinem Wasserversorger in Raten zahlen kannst, und suche nach Hilfsprogrammen in deiner Gegend. Ein Zauberspruch wird dich deinem Ziel näher bringen, aber in den meisten Fällen wird er dir nicht in den Schoß fallen. Wenn du dich nicht aktiv um deine Zaubersprüche kümmerst, könnte das Universum entscheiden, dass du sie nicht wirklich brauchst.

### Warum reimen?

Du wirst feststellen, dass die meisten meiner Zaubersprüche kurze und süße Reime haben. Dies dient mehreren Zwecken. Es sagt sowohl deinem Unterbewusstsein als auch dem Universum, was es zu tun hat, und es ist einfacher zu schreiben und sich zu merken. Du kannst sie nach Belieben anpassen. Mein Ziel ist es, dir einfache, aber mächtige Zaubersprüche zu geben, die du jederzeit anwenden kannst. Dies ist meine Methode der Zauberei und sie funktioniert für mich. Ich hoffe, sie funktioniert auch für dich.

Allerdings reimen sich nicht alle Zaubersprüche. Du wirst feststellen, dass einige nur kurze Aussagen über die Absicht sind. Sie sind trotzdem leicht zu merken und dienen nur dazu, das auszusprechen, was du dir vorstellst. Du musst keinen der Sprüche laut aussprechen. Die Worte in Verbindung mit den Bildern in deinem Kopf helfen dir, den Zauber dorthin zu lenken, wo er hin soll.

Du hast bestimmt schon einmal einen Film oder eine Serie gesehen, in der die Person, die den Zauber ausspricht, eine Beschwörungsformel in einer toten Sprache rezitiert, richtig? Die Aussprache muss genau stimmen, sonst funktioniert der Spruch nicht. Eigentlich ist das Gegenteil der Fall. Solange du nicht genau weißt, was du sagst, wird dir die Sprache eines anderen nicht helfen. Bei dem Zauberspruch, den du machst, geht es um dein eigenes Wissen und deine eigene Kraft, also benutze das, was du weißt. Ich habe mit "Lass mich in Ruhe!" mehr erreicht als mit einem stundenlangen Ritual zur Geistervertreibung, das mich erschöpft zurücklässt. Wenn es für dich Sinn macht, wird es auch für das Universum Sinn machen.

## Zusammenfassung

In diesem Kapitel hast du gelernt:

- Was Zauberei ist und wie du dich darauf vorbereiten kannst.

- Wann ein Zauberspruch notwendig ist.

- Spezielle Zutaten für die Zaubersprüche in diesem Buch.

- Meine Gedanken zum magischen Timing und zur Rückwärtsarbeit, um den eigenen Zauber an das Timing anzupassen, mit Beispielen von Zaubern.

- Warum in den meisten Zaubersprüchen Reime verwendet werden.

# KAPITEL 3

# Körper des Schutzes und Kreis der Verbannung

*Der beste Blitzableiter für deinen Schutz ist deine eigene*
*Wirbelsäule.*
**-Ralph Waldo Emerson**

Dies sind die Schutzzauber in deinem Arsenal, die du am häufigsten benutzen wirst. Der Körper als Schutz kann jederzeit und überall eingesetzt werden. Er ist das Schutzschild gegen alles, was dir schaden könnte. Du kannst ihn so schwer oder leicht machen, wie du ihn brauchst, ihn in Notfällen verstärken und ihm Anweisungen hinzufügen. Die grundlegende Anweisung ist, das Schlechte herauszufiltern und das Gute hereinzulassen. Du kannst ihn auch aktivieren, um einen übersinnlichen Sinn wie Hellsichtigkeit zu verstärken oder dich zu warnen, wenn Gefahr in der Nähe ist.

Der Kreis des Verbannens ist ein wenig komplizierter, aber nicht viel. Verbannen ist vergleichbar mit dem Blockieren von jemandem in den sozialen Medien und dem Einstellen deiner Konten auf "privat". Er schafft einen heiligen Raum, in dem du deine Magie in Ruhe ausüben kannst. Für diesen Zauber sind mehrere Hilfsmittel erforderlich, daher wird er am besten an einem festen Ort in deinem Zuhause durchgeführt. Natürlich kannst du diesen Zauber auch durchführen, wenn du nicht zu Hause bist. Ich würde es auf jeden Fall tun, wenn ich in einem Hotel oder im Haus eines Verwandten festsitzen würde. Stell dir einfach vor, die Werkzeuge sind da und du benutzt sie.

# Körper des Schutzes

Als ich vorhin von einer Barriere sprach, habe ich genau das gemeint. Alles, was du brauchst, um diesen mächtigen Zauber zu wirken, ist deine Vorstellungskraft. Wenn du dich in irgendeiner Weise bedroht fühlst, stell dir vor, dass dein Schutzkörper deine gesamte Aura umgibt und eine unüberwindbare Barriere bildet, die von nichts Schädlichem durchdrungen werden kann. Es ist wichtig, "nichts Schädliches" zu sagen, denn wir wollen immer noch, dass die guten Dinge uns finden. So wie der physische Körper Luft zum Atmen braucht, braucht der Energiekörper positive Energie, um zu blühen.

### Dein erstes Mal

Als erstes setze dich hin und überlege, wie deine Barriere aussehen soll. Wird sie eine Farbe, eine Textur, einen Klang oder einen Geruch haben? Wird sie nur eine Blase sein oder eine bestimmte Form haben? Wenn es stürmt, errichte ich eine Barriere aus fester Erde um mein ganzes Haus, um es vor Blitzschlag zu schützen. Wenn ich mich in der Öffentlichkeit bedroht fühle, lege ich einen

Schutzkörper in Form eines klaren Kristalls um mich. Das Prisma, das durchscheint, sind die guten Schwingungen, die ich zulasse. Wie du deinen Körper gestalten willst, ist ganz dir überlassen. Wichtig ist, dass du dich entscheidest und konsequent bleibst. Die Wiederholung wird ihn jedes Mal stärker machen.

Nachdem du das getan hast, verbringe etwas Zeit mit deinem Schutzkörper. Übe, ihn anzuheben und abzusenken. Merke dir, wie er sich anfühlt. Achte darauf, wie sich die Luft verändert, wenn du ihn hochhebst. Lass ihn fallen und nimm auch diese Veränderung wahr. Wenn du dich mit deinen Barrieren vertraut machst, bevor du sie benutzen musst, wird es dir leichter fallen, sie im Notfall zu benutzen. Mit der Zeit werden sie sich von selbst aufstellen, bevor du weißt, dass du sie brauchst. Deine Aura wird schlechte Schwingungen spüren, bevor du sie bewusst wahrnimmst, und handeln.

Die Barriere, die du gewählt hast, wird dein wichtigstes Hilfsmittel sein, das du automatisch aufbaust, wenn du Probleme spürst. Es gibt so viel, was man tun kann, um die Barrieren zu verbessern, dass sie selbst zu Zaubern werden. Es gibt so viel, was man tun kann, um die Barrieren zu verbessern, dass sie selbst zu Zaubern werden. Hier sind einige Beispiele.

## Verstärkung des Schutzkörpers

Manchmal brauchst du Verstärkung. Wenn du den ganzen Tag mit schlechter Energie bombardiert wurdest oder wenn jemand sie dir absichtlich schickt, kann die Barriere nachlassen. Normalerweise bedeutet das nicht, dass sie von Anfang an schwach war. Im Laufe des Tages werden wir müde und verlieren den Fokus. Es kann schwierig sein, sich sowohl auf die alltägliche Welt als auch auf die Aufrechterhaltung der Barriere zu konzentrieren. Du kannst deinen Schutzkörper auf zwei Arten verstärken.

- Schließe im Notfall einfach die Augen und stelle dir vor, wie sie um dich herum größer wird, dann heller und dann stärker.

- Du kannst einen Gegenstand aufladen, der als automatischer Verstärker dient, wenn dein Energielevel niedrig ist - vor allem nach einem langen, harten Arbeitstag. Verwende etwas, das du jeden Tag bei dir trägst, z. B. dein Handy, deine Geldbörse oder deinen Schlüssel.

## Fortgeschrittene Verstärkungen

Wenn du eine Weile geübt hast, wird es dir leichter fallen, den Schutzkörper aufzurichten und zu verstärken. Wenn du dich in einer gefährlichen Situation befindest, kannst du eine Armee aus der Barriere aufstellen.

- Baue die Barriere auf und verstärke sie so weit wie möglich.

- Nimm dir einen Moment Zeit zum Durchatmen und sammle deine Kräfte.

- Stell dir vor, eine Substanz bildet drei (oder mehr, wenn du willst) Soldaten, die hinter dir stehen und bereit sind, dich zu verteidigen.

- Wiederhole die Verstärkung, damit sie stärker werden. Führe dies so oft durch, wie du es für nötig hältst.

- Wenn dir das zu anstrengend ist, findest du in Kapitel 9 eine Anleitung zum Ausleihen von Energie.

- Diese Soldaten werden dich aggressiv verteidigen, wenn du in Schwierigkeiten steckst. Das ist großartig für alle, die sich täglich in gefährlichen Situationen befinden müssen - Strafverfolgungsbehörden, Militär, Taxifahrer und alle, die mit Geld arbeiten. Ich hasse es, dass die Welt so hart ist, aber so ist sie nun mal. Du weißt nie, wann du ein wenig zusätzliche Unterstützung brauchst.

## Die Stachelbarriere

Du brauchst keine Armee, aber du hättest gerne ein wenig mehr Verteidigung für den Schutzkörper.

- Schließe deine Augen und stelle dir vor, wie die Barriere stärker wird, bis du das Gefühl hast, dass es reicht.

- Stell dir vor, dass die äußere Schicht deiner verstärkten Barriere überall scharfe Stacheln bildet. Diese können so groß oder klein sein, wie du willst, solange sie deinen ganzen Körper bedecken.

- Jede negative Energie, die versucht, in deinen Raum einzudringen, wird zerfetzt.

Ich sollte anmerken, dass ein interessanter Nebeneffekt dieser Barriere ist, dass sie ein *"Lass mich in Ruhe"*-Gefühl vermittelt.

Wundere dich nicht, wenn die Leute dir mehr aus dem Weg gehen als sonst, wenn du sie benutzt..

## Die Fokusbarriere

Diesmal ist dein Feind die Ablenkung. Dir läuft die Zeit davon und du musst das, was du tust, jetzt zu Ende bringen.

- Schalte zunächst alle elektronischen Geräte aus (außer dem, an dem du gerade arbeitest, wenn das deine Aufgabe ist). Schließe die Tür ab und verdränge alle Aufgaben aus deinem Kopf.

- Verstärke nun deine Barriere.

- Stelle dir vor, dass du dich und deine Aufgabe mit einer Barriere umgibst, die von deinem Körper ausgeht. Sie verfestigt sich zu einer schalldichten Wand, so dass nur du und deine Aufgabe existieren.

- Atme ein paar Mal tief durch und mach dich an die Arbeit. Du wirst feststellen, dass die Arbeit viel schneller erledigt ist als sonst, mit minimalen Unterbrechungen.

## Die Köderbarriere

Wenn du nicht den Nebeneffekt haben willst, gemieden zu werden, strahlt dieser Schutzkörperzauber eine einladende Atmosphäre aus, lässt aber eine Verteidigung auf Stand-by, die sich um jede negative Energie kümmert, die deinen Raum betritt.

- Verstärke den Körper des Schutzes.

- Fülle die äußere Schicht mit all der Liebe und dem Mitgefühl, die du aufbringen kannst. Stelle dir vor, dass sie rosa oder lila leuchtet.

- Stelle dir vor, dass unter dieser Schicht der Rest der Barriere hellrot leuchtet und vor Energie pulsiert, bereit, alles Schädliche niederzuschlagen.

## Die Kühlungsbarriere

Es liegt etwas in der Luft und alle sind wütend. Wut und Hitze gehen Hand in Hand. Diese kühlende Barriere wird dich und alle, die mit dir in Kontakt sind, beruhigen.

- Verstärke den Körper des Schutzes.

- Stelle dir vor, dass der Schutzkörper zu einem sanften Wasserfall wird. Er sinkt in deinen Körper und beruhigt dich.

- Jeder, der deinen Weg kreuzt, wird automatisch ebenfalls beruhigt.

## Der Bannkreis

Dieser Kreis wird alles Schädliche aus deiner Gegenwart verbannen. Es gibt viele Möglichkeiten, dies zu tun. Bestimmte Traditionen haben ihre eigenen Werkzeuge und Rituale, also lass mich dir die Schritte erklären und du kannst entscheiden, wie kompliziert du es haben möchtest.

- Zuerst musst du entscheiden, wo du den Kreis ziehen willst. Du brauchst eine klare Grenze, denn du kannst sie nicht überschreiten, wenn er einmal fertig ist. Wenn du es doch tust, wird er sich vorzeitig auflösen und jede Energie, die du aufgebaut hast, unkontrolliert umherschießen lassen. Wenn der Kreis vor etwas Bestimmtem schützen soll, bist du wieder verwundbar. Das klingt jetzt so, als wäre das das Ende der Welt, aber das ist es nicht. Keine Angst, wenn es aus Versehen passiert. Ziehe ihn einfach erneut.

- Jetzt musst du den Bereich reinigen, bevor du die Begrenzung errichtest. Ich verwende dafür am liebsten Florida Water. Besprühe damit den Bereich und sage: "Dieser Raum ist frei von allen bösen Energien, Geistern und Absichten!" Sprich es so, als ob du es ernst meinst. Die Verbannung ist ein kraftvoller Akt, und es sollte klar sein, dass du dir keinen Blödsinn gefallen lässt.

- Wenn du Weihrauch hast, zünde ihn an. Es ist ein Signal für dich und alle Mächte, die da sein mögen, dass es Zeit für Magie ist. Es ruft auch die Kräfte der Luft an, um deinem Zauber etwas zusätzliche Energie zu verleihen.

- Wenn du Kerzen hast, zünde sie aus demselben Grund an wie den Weihrauch. Ich habe immer "Arbeitskerzen" für Licht und Atmosphäre dabei. Kerzen rufen die Kraft des Feuers an, um deinem Zauber etwas zusätzliche Energie zu verleihen.

- Jetzt ist es an der Zeit, den Kreis zu ziehen. Manche Hexen benutzen einen Zauberstab oder einen Dolch, um die Energie zu lenken. Wenn du beides nicht hast, reicht auch dein Finger. Zeige auf den Boden und folge der Grenze, die du festgelegt hast, im Uhrzeigersinn. Ein kurzer Reim wird deinem Kreis sagen, was er zu tun hat, und ihn in deinem Geist verankern: "Dieser Kreis ist eine Mauer, die niemand durchbrechen darf. Bis er weg ist, bin ich unerreichbar."

Wenn du diesen Kreis vor anderen Zaubern machst, hältst du nicht nur Schaden ab, sondern schließt auch die Energie deines Zaubers ein. Dadurch wird der Zauber stärker, bis du ihn durch Verbannen des Kreises auflöst.

## Den Kreis verbannen

Deine Zaubersprüche sind fertig und du fühlst dich sicher. Was nun? Es ist an der Zeit, den Kreis zu verbannen, damit du dich wieder frei bewegen kannst. Das signalisiert auch, dass du fertig bist und alle Energien, die du gerufen hast, gehen können. Wenn nicht, bleiben sie einfach hier und richten Schaden an wie ein gelangweiltes Kleinkind.

- Nimm dein Werkzeug oder deinen Finger und bewege dich gegen den Uhrzeigersinn entlang der Grenze und radiere sie langsam aus.

- "Der Kreis ist offen, aber der Schutz bleibt. Ich schließe jetzt alle Portale und Türen."

- Es ist üblich, etwas zu sagen, um den Akt abzuschließen. Beliebt sind "Amen", "Gesegnet sei" und "So soll es sein". Du musst das nicht tun, wenn es dir nicht passt.

- Lösche deine Kerzen und räume auf. Hexerei ist eine chaotische Praxis. Wenn du also keinen Zauber machst, der mehrere Tage lang bestehen bleiben muss, räume immer hinter dir auf. In gewissem Sinne räumst du die Energie dieses Zaubers auf, um Platz für einen anderen zu schaffen. Du willst nicht, dass sich diese Energien vermischen, sonst können die Ergebnisse bestenfalls unberechenbar oder sogar destruktiv sein.

## Portale und Türöffnungen

Du wirst feststellen, dass das Verbannen des Kreises das Schließen von Portalen und Türen beinhaltet. Wenn du Hexerei betreibst, öffnest du Türen zur ätherischen Ebene, damit du deine Energie schicken kannst, um ihre Aufgabe zu erfüllen. Es ist wichtig, diese zu schließen, wenn du fertig bist, sonst können andere Dinge durchdringen. Die Parasiten, die ich vorhin erwähnt habe, lieben offene Türen. Sie werden sich dort aufhalten, als ob sie versuchen würden, in einen Nachtclub zu gelangen. Das wird die Aufmerksamkeit mächtigerer Wesen erregen. Wenn du diese nach dem Kreis schließt, schließt du auch alle, von denen du nicht wusstest, dass sie offen sind. Wenn du das Gefühl hast, dass eine Tür nach deinem Zauber noch offen sein könnte, kannst du sie offiziell schließen, damit du dich nur auf diese Aufgabe konzentrieren kannst.

- Nachdem du den Kreis gebannt hast, stell dir große rote X vor, die den Bereich umschließen, in dem der Kreis gezogen wurde.

- Sehe, wie sie in der Atmosphäre versinken und sage: "Alle Portale, die ich geöffnet habe, sind jetzt geschlossen."

- Bestätige dies jedes Mal, bis es zur Gewohnheit wird.

## Spiegelportale schließen

Spiegel vor Türen oder anderen Spiegeln wirken wie eine Drehtür. Du solltest sie mindestens einmal in der Woche entweder bewegen oder reinigen und schließen. Wenn du einen Geist hast, der sich im Badezimmer aufhält, ist er wahrscheinlich nicht auf der Suche nach einer Peepshow. Du musst nur das Portal im Spiegel deines Medizinschrankes schließen.

- Verwende ein Reinigungsspray wie Florida Water oder ein Salzwasser-Reinigungsmittel, um den gesamten Spiegel abzuwischen. Stelle dir vor, wie die verbleibende Energie weggespült wird. Achte darauf, dass du den ganzen Spiegel erwischst, nicht nur die Vorderseite.

- Zeichne mit dem Zeigefinger deiner Schreibhand ein X über den Spiegel. Stelle dir vor, dass rotes Licht das X bildet und sich dann über den gesamten Spiegel ausbreitet.

- Lasse es einen Moment einwirken und wische dann mit einem normalen Reinigungsmittel alle Spuren ab.

Wenn du Kristallkugeln oder Hellseher-Spiegeln hast, solltest du sie zudecken, wenn du sie nicht benutzt. Dies sind Portale, die speziell dazu dienen, in die ätherische Ebene zu sehen, und die mehr Kraft für diesen Effekt besitzen. Im Falle von Kristallkugeln verhindert das Abdecken auch, dass die Sonne auf sie trifft und ein Feuer verursacht. Ich habe eine schöne Narbe an meinem Bein, weil ich meine erste Kristallkugel mit nach Hause gebracht habe. Ich habe sie mir im Auto auf den Schoß gelegt und gleich meine Lehre daraus gezogen.

## Ein Ratschlag

Meiner Erfahrung nach ist Magie eine lebendige Sache. Wir als Hexen bewegen die Magie in die Richtung, in die sie gehen soll, aber sie entscheidet, wie sie dorthin kommt und wie lange sie anhält. Sei so spezifisch wie möglich, ohne dich selbst einzuschränken, wenn du deine Zaubersprüche sprichst. Wenn du feststellst, dass er gewirkt hat, aber schnell nachlässt, zaubere ihn einfach neu und mach weiter. Wenn er funktioniert hat, aber auf unerwartete Weise, ist das in Ordnung, solange das Ergebnis dich nicht verletzt hat. Frage dich, ob du es beim nächsten Mal anders formulieren könntest, um ein besseres Ergebnis zu erzielen. Mit zunehmender Erfahrung wirst du bessere und länger anhaltende Ergebnisse erzielen.

Lass dich nicht entmutigen, wenn ein bestimmter Zauber bei dir nicht sofort funktioniert hat. Sofortige Magie ist selten und manchmal dauert es eine Weile. Die Magie arbeitet ziemlich viel, um dir zu bringen, was du willst. Vergiss es einfach, anstatt es mit Negativität zu belegen. Wenn du in einer besseren Verfassung bist, versuche es noch einmal oder probiere etwas anderes aus. Die Hälfte des Spaßes besteht darin, mit verschiedenen Zaubersprüchen zu experimentieren.

## Zusammenfassung

In diesem Kapitel hast du gelernt:

- Was der Zauber: Körper des Schutzes ist und wie man ihn einsetzt.

- Wie Zauber Bannkreis und das Bannen des Kreises wirken.

- Was Portale und Türöffnungen sind und wie man sie schließt.

- Ein Zauberspruch zum Schließen von Spiegelportalen.

- Ein paar ermutigende Worte von mir.

# KAPITEL 4

# Reinigungszauber und -rituale

*Wasche meine Sorgen weg, wasche meinen Schmerz weg mit dem Regen in Shambala. Wasch meinen Kummer weg, wasch meine Schande weg mit dem Regen in Shambala.*
**-Three Dog Night**

## Was ist Reinigung?

Reinigen bedeutet, sich von alter oder invasiver Energie zu befreien. Du kannst dich selbst oder andere Personen, Gegenstände und sogar Situationen reinigen. Du kannst eine Reinigung durchführen, wenn du einen psychischen Angriff vermutest oder wenn du in einer schlechten Stimmung bist, die du nicht loswirst. Wenn du den Ring, den dir deine Großmutter geschenkt hat, nie gemocht hast, obwohl er wunderschön ist, muss er gereinigt werden.

Wenn du dich jeden Tag reinigst, wenn du nach Hause kommst, vertreibt das nicht nur die schlechten Schwingungen von dir, sondern verhindert auch, dass sie sich an irgendetwas in deinem Zuhause festsetzen. Das ist besonders wichtig, wenn du im Gesundheitswesen arbeitest. Ich habe in Pflegeheimen und mit

Menschen mit Entwicklungsstörungen gearbeitet. Diese Krankheiten scheinen ein Eigenleben zu entwickeln. Wie Viren bleiben sie an dir haften und vermehren sich auf allen anderen, mit denen du in Kontakt kommst.

## Kristalle und Steine

Wenn du dich für Kristalle interessierst, gibt es eine Debatte über deren Reinigung. Manche sagen, dass sie sich selbst reinigen und andere, dass sie gereinigt werden sollten. Ich glaube, es ist ein bisschen von beidem. Wenn du erst einmal den Dreh raus hast, die Energien zu spüren, wirst du erkennen können, ob etwas gereinigt werden muss. Einige Kristalle werden speziell für die Reinigung verwendet und haben daher natürlich eine höhere Schwingung.

Selenit ist der stärkste Stein, den ich verwendet habe. Du kannst ihn in kleineren Stücken kaufen und ihn in deine Talisman-Taschen, Tarot-Boxen oder andere Dinge geben, die du ständig gereinigt haben möchtest. Das kann teuer werden, also wenn du das Geld nicht hast, aber ein Ritual einmal im Monat für diese Dinge wird für dich funktionieren.

Klarer Quarz ist ein universell einsetzbarer Stein, den du programmieren kannst. Reinige ihn mit einem Ritual und lade ihn dann auf, um deinen Willen durchzusetzen. Die Energie in diesen Steinen neigt dazu, zu stagnieren, wenn sie nicht regelmäßig verwendet wird, also musst du die Reinigung und Aufladung von Zeit zu Zeit wiederholen.

## Symbole für die Reinigung

Der Teil des Geistes, der Magie wirkt, ist das Unterbewusstsein. Seine Sprache ist die der Symbolik, und das macht sie so wichtig für deine Zaubersprüche und Rituale. Du kannst bewährte Symbole wie das Salomonische Pentakel verwenden, im Internet einige andere finden, die dir gefallen, oder deine eigenen herstellen.

Wenn du deine eigenen Symbole (in Hexenkreisen Siegel genannt) machst, wird deine Magie einzigartig und noch mächtiger. Nur du weißt, was du willst und wie du es manifestieren willst. Was bedeutet Reinigung für dich? Für mich ist es ein Regenschauer. Ich zeichne eine kleine Wolke mit sieben Regentropfen, die aus ihr herauskommen. Es gibt verschiedene Methoden, um eigene Siegel zu erstellen. Es spielt keine Rolle, ob du künstlerische Fähigkeiten hast oder nicht. Das Wichtigste ist, dass du zeichnest, um dein Ziel zu erreichen.

## Andere Gegenstände für die Reinigung

Sowohl Salz als auch Wasser sind großartige Reinigungsmittel. Salbei wird häufig verwendet, aber bitte beachte, dass der Salbei, der in den überall verkauften Reinigungspaketen verwendet wird, vom Aussterben bedroht ist. Achte darauf, dass dein Salbei aus ethischen Quellen stammt. Kiefer und Wacholder sind ebenfalls gut geeignet. Du kannst sie in einen Kochtopf geben, und der Dampf verteilt sich reinigend im ganzen Haus. Auch Zitronenschalen können hinzugefügt werden.

Für ein reinigendes Bad gebe ich die folgenden Zutaten in einen

Organzabeutel und fülle die Wanne damit: Salz, Wacholderbeeren, Kiefernnadeln und Zitronenschalen. Ich füge auch einen Spritzer Florida-Wasser hinzu. Während du badest, stell dir vor, dass weißes Licht aus dem Beutel durch dich fließt, von innen nach außen. Achte darauf, dass du dir etwas über den Kopf gießt. Diese Formel kann auch in einer Sprühflasche für eine schnelle Reinigung verwendet werden. Ich benutze immer ein Reinigungsspray direkt vor der Zauberei, auch wenn ich bereits ein Bad genommen habe.

# Reinigungszauber

## Weißlicht-Reinigungszauber

Dieser Zauber ist für die Reinigung von kleineren Gegenständen wie Schmuck gedacht, kann aber auch für größere Gegenstände verwendet werden. Hier nutzen wir die Kraft der Elemente Erde, Luft, Feuer und Wasser für die Arbeit.

- Du brauchst reinigenden Weihrauch wie Kiefer oder Salbei, eine weiße Kerze, eine kleine Schale mit Salz und eine kleine Schale mit Wasser.

- Stelle deine Gegenstände in einem Kreis auf und lege den zu reinigenden Gegenstand in die Mitte. Zünde das Weihrauch an. Wenn du einen Kreis ziehen willst, tu das jetzt.

- Zünde deine Kerze an und konzentriere dich einen Moment

lang auf das, was du erreichen willst.

- Atme tief ein und nimm den Gegenstand in die Hand. Atme aus und führe ihn durch den Weihrauch. Sage: "Mit der Kraft der Luft bist du gereinigt." Stelle dir vor, wie der Rauch weißes Licht in den Gegenstand drückt und schwarzen Schleim hinaus.

- Führe den Gegenstand über die Kerzenflamme. Sei vorsichtig. Du willst nur, dass die Hitze den Gegenstand berührt, aber kein Feuer entfacht. Sage: "Mit der Kraft des Feuers bist du gereinigt." Stelle dir vor, dass Licht in der Farbe der Flamme in den Gegenstand eindringt und schwarzer Schleim ihn verlässt.

- Streue eine kleine Prise Salz auf den Gegenstand. Sage: "Mit der Kraft der Erde bist du gereinigt." Stelle dir vor, dass grüne Waldenergie in den Gegenstand eindringt und schwarzer Schleim ihn verlässt.

- Tauche deine Finger in das Wasser und sprenkle es auf den Gegenstand. Sage: "Durch die Kraft des Wassers bist du gereinigt." Stelle dir vor, wie blaues Licht in den Gegenstand eindringt und schwarzer Schleim ihn verlässt.

- Zum Schluss hauchst du den Gegenstand an. Die Energie, die von deinem Atem ausgeht, kann die Farbe haben, die du willst. Sage: "Durch die Kraft von mir selbst bist du gereinigt!" Sage es so, als ob du es ernst meinst, und stelle dir vor, wie der ganze Rest des schwarzen Schleims aus dem Objekt und aus deinem Raum flieht.

Wenn deine Kerze noch nicht ausgebrannt ist, lösche sie. Du kannst den Weihrauch brennen lassen, wenn du nicht gehst. Wenn du einen Kreis gezogen hast, verbanne ihn und räume auf.

## Spiegelzauber zur Reinigung

Spiegelzauber werden am häufigsten für die Schutzzauber verwendet, über die du im nächsten Kapitel lesen wirst, aber sie können auch zur Reinigung eingesetzt werden. Spiegel erlauben dir nicht nur, in andere Welten zu sehen und Negativität von dir weg zu reflektieren, sondern sie verstärken auch jeden Zauber, den du gerade machst. Ich habe eine großartige Verwendung für meinen Badezimmerspiegel gefunden, als ich beschloss, etwas Neues auszuprobieren. du beginnst diesen Zauber, bevor du unter die Dusche gehst.

- Du brauchst eine kleine Kerze und etwas Weihrauch.

- Zünde sie am Waschbecken an und konzentriere dich auf den Spiegel.

- Sieh, wie der Spiegel in hellem Licht erstrahlt.

- Nimm deine Dusche. Wenn du fertig bist, starre in den beschlagenen Spiegel und sage: "Jedes Mal, wenn du meinen Blick auffängst, werde ich von allem Unwohlsein gereinigt."

- Lasse den Nebel sich auf natürliche Weise auflösen und stelle dir vor, dass er den Zauber besiegelt. Jedes Mal, wenn du jetzt in deinen Badezimmerspiegel schaust, wirst du gereinigt und munter sein.

## Reinigung des Hauses

Dieser Zauber ist ein wenig aufwendiger. Wie bei einer normalen Reinigung musst du jeden Winkel und jedes Versteck erreichen. Ich habe ihn verwendet, um mein eigenes Haus und andere in der Ferne zu reinigen.

- Du brauchst die Materialien für deinen Bannkreis und eine zusätzliche weiße Kerze.

- Ziehe deinen Kreis, aber diesmal im Uhrzeigersinn um das ganze Haus, und nimm die zusätzliche Kerze. Halte sie zwischen deinen Handflächen und stelle dir vor, wie helles weißes Licht aus deiner schreibenden Hand in die Kerze strömt. Sage: "Ich reinige dieses Haus von allem Unerwünschten und Unsinnigen. Vom offenen Raum bis zur schattigen Ecke ist dieser Ort sauber!"

- Zünde die Kerze an und stelle sie in einen Halter, den du mit dir herumtragen kannst. Nimm die Kerze im Uhrzeigersinn und leuchte mit ihr durch dein ganzes Haus, während du singst. Öffne alle Schränke und Schubladen und stelle dir vor, wie der Glanz der Kerzenflamme in sie hineinfließt. Wenn sich eine Spinne verstecken kann, können das auch böse Energien. Lass dir dabei Zeit. Wenn du dich beeilst, könntest du etwas übersehen.

- Wenn die Kerze noch brennt, wenn du zu deinem Arbeitsbereich zurückkommst, stell sie ab und lass sie ausbrennen, während du dich auf den Glanz der Flamme konzentrierst, der den ganzen Raum durchdringt.

- Wenn die Kerze ausgebrannt ist, verbanne deinen Kreis und räume auf.

## Eine Situation bereinigen

Wir alle kennen diese Tage, an denen nichts richtig zu laufen scheint. Du lässt alles fallen, das WLAN fällt während einer wichtigen Besprechung aus, das Auto hat einen Platten, wenn du Lebensmittel einkaufen musst. Du kannst dir das vorstellen. Vielleicht passiert es nur, wenn du dich auf eine bestimmte Situation konzentrierst. Jedes Mal, wenn du versuchst, etwas zu erreichen (z. B. dich für einen Kurs an der Uni anzumelden oder einen neuen Job zu suchen), kommt eine unsichtbare Hand und schüttelt alles durch, und du kommst einfach nicht weiter. Dieser Zauber reinigt die Umstände und verhilft dir zu Klarheit, damit du weißt, welche Schritte als nächstes unternommen werden sollten.

- Du musst einen Bannkreis wirken, bevor du beginnst, also halte deine Hilfsmittel dafür bereit.

- Für den Zauber brauchst du eine weiße Kerze und eine Darstellung der zu reinigenden Situation. Das kann ein von dir gezeichnetes Symbol, ein Bild oder ein geschriebenes Gebet sein.

- Ziehe deinen Kreis und halte dann die Kerze in deinen Händen. Sage: "Von (Situation) sind alle Hindernisse beseitigt. Der Sieg ist immer wieder mein!"

- Stell dir vor, dass alles, was deinen Erfolg in dieser Situation blockiert, verschwindet und durch weißes Licht ersetzt wird. Verwende dein Bild, dein Symbol oder deine Gebete für das Bild.

- Stelle das Objekt unter die Kerze. Zünde die Kerze an, aber behalte das Bild in deinem Kopf, während sie brennt.

- Lasse die Kerze ausbrennen, während du dich konzentrierst und singst.

- Wenn sie ganz heruntergebrannt ist, verbanne den Kreis und räume auf.

## Reinigung mit Zwiebeln und Kerzen

Die Zwiebel ist ein natürliches Vakuum für schlechte Energie. Dieser Spruch tut doppelte Pflicht, um schlechte Energie loszuwerden.

- Du brauchst eine Zwiebel, eine weiße Kerze, einen Kerzenhalter, eine Schüssel, in die du die Zwiebel legst, und ein Messer, um die Zwiebel zu schneiden.

- Halte die Kerze und stelle dir vor, dass weißes Licht durch deine Hand in die Kerze strömt. Sage: "Nichts Schlechtes entgeht deiner Flamme. Ruhig und zufrieden, dieser Ort ist friedlich."

- Stelle die Kerze in ihren Halter.

- Schneide die Spitze der Zwiebel ab, so dass ihre Schichten freigelegt sind.

- Lege sie mit der Schnittfläche nach oben in die Schale und halte deine Hände darüber. Stelle dir vor, dass im Inneren der Zwiebel eine schwarze Leere wirbelt, die bereit ist, jede negative Energie aufzusaugen. Sage: "In dieses schwarze Loch geht alles Böse. Für immer weg und das Portal ist zu."

- Stelle die Zwiebelschale vor die Kerze.

- Zünde die Kerze an und stelle dir vor, dass alle schlechten Schwingungen in die Zwiebel gesaugt werden. Wenn welche entweichen, werden sie in die Kerzenflamme zurückgeworfen und verbrannt.

- Lasse die Kerze bis zum Ende abbrennen.

- Lasse die Zwiebel draußen stehen, bis sie anfängt zu faulen.

- Berühre sie nicht direkt, sondern wirf sie in den Müll, wenn sie fertig ist.

Du kannst Zwiebeln auch auf andere Art und Weise verwenden, um die Reinigung aufrechtzuerhalten, aber es kann zu Gerüchen kommen.

- Schneide Zwiebeln in zwei Hälften und lege sie in die Ecken deiner Wohnung. Wechsle sie einmal pro Woche aus.

- Halbierte Zwiebeln auf dem Nachttisch halten Negativität und Albträume fern, wenn du schläfst (wenn du mit diesem Geruch schlafen kannst).

## Reinigung mit Knoblauch

Wie Zwiebeln kann auch Knoblauch stinken, aber nicht so stark.

Ich ziehe Knoblauch den Zwiebeln vor, weil sie nicht nur ein starkes Reinigungsmittel, sondern auch ein Schutzmittel sind.

- Ganze Knoblauchscheiben können in die Ecken deiner Wohnung und auf die Fensterbänke gelegt werden, um eine Grenze zu ziehen. Jeder oder alles, was in dein Haus kommt, wird automatisch gereinigt.

- Gib eine Prise Knoblauch in dein Reinigungswasser und verteile es in deiner Wohnung. Das gibt einen enormen Schutzeffekt.

## Die Magie der Klänge

Bestimmte Klänge haben auch eine reinigende Wirkung. Sie strahlen bestimmte Frequenzen aus und erhöhen die Schwingungen um sie herum, die Negativität als unwirtlich empfindet.

- Klangschalen strahlen einen hochfrequenten, kontinuierlichen Ton aus, der für negative Schwingungen und bösartige Geister wie Nägel auf einer Kreidetafel wirkt. Wenn du mit dem Klöppel auf die Seite der Schale klopfst, werden die schlechten Schwingungen aufgelöst. Ich stoße beim Reinigen gerne an, um die schlechte Energie zu zerstreuen, dann stoße ich sie aus, und dann zerstreue ich sie wieder, um meinen Standpunkt klar zu machen.

- Wie der Schlag der Klangschale brechen auch Tamburine, Gongs und Rasseln hartnäckige Schwingungen auf, so dass sie beseitigt werden können. Nachdem du sie in deinem

Raum gut geschüttelt hast, führe deine bevorzugte Reinigung durch. Du wirst feststellen, dass es jetzt viel einfacher ist.

## Glocken

Glocken haben eine lange Geschichte in der Hexenkunst. Sie zerschlagen und verscheuchen böse Energie, so dass dein Haus automatisch sauber und geschützt ist. Oft werden sie an Türklinken angebracht, damit nichts durch diese sich drehenden Schwellen gelangen kann, aber es gibt verschiedene Möglichkeiten, wie du Glocken für dich nutzen kannst.

- Läute die Glocke in deinem ganzen Raum, wie du es mit den oben genannten Werkzeugen tun würdest. Führe danach eine Reinigung durch und verstärke deine Grenze.

- Bewahre drei kleine Glocken an einem Schlüsselbund oder in deiner Handtasche auf, um dich zu reinigen und zu schützen, wenn du nicht zu Hause bist.

- Bewahre eine kleine Glocke bei deinen Kreismaterialien auf, um neugierige Wesen schnell loszuwerden.

- Wenn du wie ich auf Haarzöpfe stehst, kannst du kleine Glöckchen an deinem Haar befestigen. Das vertreibt alles, was auf deinen Verstand gerichtet ist - Kontrollzauber, Liebeszauber und äußere Emotionen. Du brauchst nur eine Möglichkeit, sie zum Schweigen zu bringen, wenn du in einer ruhigen Umgebung arbeitest.

## Reinigung aus der Ferne

Reinigungszauber können für alles verwendet werden, auch aus der Ferne. Du kannst jeden dieser Zaubersprüche so anpassen, dass er für jemanden, der weit weg ist, genauso gut funktioniert wie für dich selbst.

- Alles, was du brauchst, ist eine Verkörperung der Person - ein Namensschild, ein Namenspapier oder sogar eine Puppe.

- Führe deine Reinigung an der Verkörperung durch, als würdest du sie vor dir stehen haben.

- Die Reinigung hinterlässt eine leere Schiefertafel. Aus diesem Grund solltest du, wenn du fertig bist, einen Schutzzauber anwenden. Du wirst im nächsten Kapitel mehr über Schutzzauber erfahren.

## Zusammenfassung

In diesem Kapitel hast du gelernt:

- Ein Weißlicht-Reinigungszauber.

- Ein Spiegelzauber zur Reinigung.

- Ein Reinigungszauber für das Haus.

- Ein Zauber, um eine Situation zu bereinigen.

- Ein Reinigungszauber mit Zwiebeln und Kerzen.

- Ein Reinigungszauber mit Knoblauch.

- Wie man Klang zur Reinigung einsetzt.

- Wie man Glocken bei der Reinigung verwendet.

- Ein Reinigungszauber, der aus der Ferne wirkt.

# KAPITEL 5

# Schutzzauber

---

*In Momenten großer Ungewissheit auf meinen Reisen habe ich immer gespürt, dass mich etwas beschützt, dass mir nichts zustoßen wird.*
**-Tahir Shah**


Dafür sind wir ja da. Du kannst jeden Gegenstand oder jede Person mit einem Schutzzauber beschützen. Für einige braucht man ein paar Hilfsmittel, für andere nur den Wunsch und die Fantasie. Wenn du ein Anfänger bist, solltest du wissen, dass Schutzzauber nicht so funktionieren, wie sie in Romanen beschrieben werden. Das tun keine Zaubersprüche. Sie müssen eine Möglichkeit haben, den Zauber zu manifestieren. Wenn du zum Beispiel einen Schutzzauber verwendest und auf der Autobahn eine Panne hast, bist du vielleicht wütend und denkst, der Zauber hätte nicht funktioniert. Dann siehst du ein Polizeiauto mit Blaulicht an dir vorbeirasen. Vor dir gab es einen schweren Unfall, der von einem betrunkenen Fahrer verursacht wurde. Dein Zauberspruch hat perfekt funktioniert. Das ist mir einmal passiert, und ich habe nie wieder gezweifelt.

# Bevor du anfängst

Wenn du Schutz vor etwas Bestimmtem brauchst, lies nach, um sicher zu sein, dass du auf dem richtigen Weg bist. Es nützt nichts, sich vor einem Bären zu schützen, wenn man eine Schlange unter den Füßen hat.

Wenn es sich nicht um einen Notfall handelt, solltest du immer zuerst eine Reinigung durchführen. Das beseitigt alle schlechten Schwingungen und verhindert, dass weitere eindringen.

Nicht alles aus der Geisterwelt ist böse. Ich bin sogar mehr neugierigen Geistern als bösartigen Wesen begegnet. Wenn du dir nicht sicher bist, lass dir die Karten legen. Führe Hellsehen durch, wenn das dein Talent ist. Es könnte sogar ein geistiger Führer sein, der dir einen Rat geben will. Eine Hexe sollte die Geisterwelt und ihre Bewohner kennen lernen, auch wenn sie sie nicht für ihre Zaubersprüche benutzt.

Ein Schutzzauber kann jederzeit durchgeführt werden, wenn er gebraucht wird. Du brauchst kein bestimmtes Datum, keine bestimmte Uhrzeit und keine bestimmte Mondphase. Dies sind Entsprechungen, die den Zauber wirksamer machen, aber nicht notwendig sind.

# Schutz der Wohnung

Unser Zuhause soll unser Zufluchtsort sein. Es ist unerlässlich, dass wir uns an dem Ort, an dem wir schlafen, sicher fühlen. Selbst in den besten Gegenden passieren schlimme Dinge, und ein physischer oder spiritueller Einbruch in das eigene Haus ist ein Alptraum. Schließe deine Türen ab, besorge dir eine Türklingelkamera und übe diese Zaubersprüche.

## Zauberspruch für Schutzgrenze

- Du brauchst Material, um einen Kreis zu ziehen, Salz, roten Pfeffer, schwarzen Pfeffer und eine Schüssel, um alles miteinander zu vermischen. Ein Utensil zum Mischen ist ratsam, wenn du keinen scharfen Pfeffer unter deine Nägel bekommen willst. Mit den Händen zu mischen, verleiht dem Zauber allerdings mehr Kraft. Die Entscheidung liegt bei dir.

- Ziehe deinen Kreis. Schütte etwas Salz in die Schüssel. Lege deine Hand über die Schale und stelle dir vor, dass helles rotes Licht das Salz durchtränkt (rot ist die Farbe des Planeten Mars, daher meine Verwendung für Schutz statt Liebe). Sage: "Ich beauftrage dich, eine perfekte Grenze des Schutzes zu schaffen."

- Gib den schwarzen Pfeffer in die Schale. Lege deine Hand über die Schale und stelle dir vor, wie helles rotes Licht den Pfeffer durchdringt. Sage: "Ich lade dich ein, eine perfekte Grenze des Schutzes zu schaffen."

- Gib den roten Pfeffer in die Schale. Lege deine Hand über die Schale und stelle dir vor, wie helles rotes Licht den Pfeffer durchtränkt. Sage: "Ich lade dich ein, eine perfekte Grenze des Schutzes zu schaffen."

- Rühre die Zutaten um, während du dir vorstellst, dass sie in diesem roten Licht leuchten. Sage: "Während ich diesen Zaubertrank umrühre, geht kein Schaden hinein und kein Schaden hinaus!"

- Streue dieses Pulver auf die Fußleisten in deinem Haus. Denke daran, dass eine kleine Menge eine große Wirkung hat. Gehe durch dein ganzes Haus und stelle dir dabei eine leuchtend rote Wand vor, die sich Stück für Stück aufbaut. Sag: "Ich baue eine Mauer mit diesem Charme. Diese Mauer ist eine Festung gegen alles Böse!"

- Verbanne den Kreis und räume auf. Wenn Pulver übrig bleibt, fülle es in einen gut verschlossenen Kanister und beschrifte ihn für das nächste Mal. Wenn du das Gefühl hast, dass sich die Grenze aufgelöst hat, wiederhole den letzten Schritt.

## Der Wasserspeier-Wächter

Wasserspeier haben eine lange Geschichte als Beschützer eines Ortes. Ich bekam einen kleinen Wasserspeier geschenkt, und da kam mir die Idee. Er würde sich perfekt als Schutztalisman eignen.

- Hierfür benötigst du eine kleine Wasserspeier-Statue. Man kann sie online zu günstigen Preisen kaufen. Sie kann sogar aus hohlem Plastik oder einem Plüschtier bestehen. Es kommt auf die Symbolik des Wasserspeiers an. Du wirst eine Gedankenform (programmierte Energie) erschaffen, die in dem Wasserspeier lebt und dein Haus verteidigt.

- Halte deine Kreismaterialien bereit, Kristalle, wenn du

welche hast, und ein paar zusätzliche Kerzen. Du wirst die zusätzliche Energie für diesen Zauber brauchen.

- Ziehe den Kreis und bitte um die Hilfe der Elemente und des Kosmos. Stell dir vor, wie ihre Energien um dich herum wirbeln und sich vermischen. Erhöhe deine eigene Energie, indem du tanzt, singst, deine Hände aneinander reibst oder all dies tust.

- Wenn du nicht mehr kannst, stell dir vor, dass die Energie immer dichter und stärker wird, bis sie die Form deines Wasserspeiers annimmt. Er kann so groß sein, wie du willst, er muss nicht der Statue entsprechen.

- Jetzt musst du deinem Wasserspeier sagen, was er tun soll. Ich sage ihm einfach: "Deine Aufgabe ist es, dieses Haus und alles darin zu beschützen. Beschütze dieses Haus und alles, was darin ist. Beschütze dieses Haus und alles, was darin ist." Wiederhole dies, bis du das Gefühl hast, dass er richtig programmiert ist.

- Nimm nun die Statue, halte sie deiner Gedankenform entgegen und sage ihr: "Hier ruhst du dich aus und lädst dich auf." Stelle dir vor, wie die Gedankenform in die Statue geht, wie ein Flaschengeist. Sie wird automatisch herauskommen und dein Haus verteidigen, wenn sie gebraucht wird.

- Der Zauber ist (vorerst) beendet. Verbanne deinen Kreis und räume auf.

Du musst deinen Wasserspeier regelmäßig füttern. Gedankenformen brauchen Energiezufuhr, um sich selbst zu erhalten. Du kannst ihn mit Kristallen umgeben, Kerzen neben ihm anzünden, ihm deine eigene Energie einhauchen oder ihn an einem Fenster aufstellen, damit er sowohl die Sonnen- als auch die Mondenergie aufsaugt. Wo auch immer du ihn aufstellst, achte darauf, dass du ihn jeden Tag sehen kannst und ihm dafür dankst, dass er dich beschützt. Wenn du ihn vergisst, wird er eine Zeit lang wirken, sich aber schließlich auflösen oder woanders hingehen. Er braucht sowohl Nahrung als auch Aufmerksamkeit, um für dich zu arbeiten.

Jetzt hast du deinen eigenen Wasserspeier-Wächter, der deinen Raum, seine Bewohner und Haustiere beschützt. Du hast ihn aus deiner eigenen Kraft und mit Hilfe anderer Energien erschaffen. Das heißt, er kann dir weder Schaden zufügen noch ungehorsam sein. Von Zeit zu Zeit können Gedankenformen aufgrund von Energieüberlastung unberechenbar sein. Wenn sie außer Kontrolle gerät, verlange einfach, dass sie sich auflöst, und entziehe ihr die Energiequellen.

# Persönliche Schutzzauber

Persönliche Schutzzauber bedeuten nicht, dass man unbesiegbar ist. Manchmal verhindern sie, dass etwas Schlimmes passiert, und manchmal geben sie dir die Mittel an die Hand, mit deinem Problem umzugehen. Wenn du die Treppe hinunterfällst, weil du nicht aufgepasst hast, verstauchst du dir vielleicht nur den Knöchel, anstatt dir das Bein an drei Stellen zu brechen. Wenn du einen psychischen Angriff spürst, hat ein Schutzzauber ein bannendes Element, das die eindringende Energie vertreibt.

## Dein persönlicher Flammenwerfer

Wenn ein normaler Schutzkörper nicht mehr ausreicht, ist es an der Zeit, den Flammenwerfer zu holen.

Das ist alles, was brennt. Wir denken dabei an eine Kerze, ein Streichholz, ein Feuerzeug oder eine echte Fackel. Wenn du es dir zu Hause gemütlich machst, reicht auch eine Kerze. Ich verwende ein Feuerzeug, weil es ein tragbares Zaubermittel ist und niemand weiß, dass ich damit einen Zauber spreche.

- Du brauchst deine Kreismaterialien und ein Feuerzeug, das du für diesen Schutzzauber verwenden kannst.

- Ziehe den Kreis und nimm das Feuerzeug.

- Führe es durch den Weihrauch und sage: "Mit Hilfe der Kraft der Luft reinige ich dich und lade dich als meinen schützenden Flammenwerfer auf."

- Führe es über die Hitze der Kerzenflamme und sage: "Mit der Kraft des Feuers reinige und lade ich dich als meinen schützenden Flammenwerfer auf."

- Streue eine Prise Salz darüber und sage: "Mit Hilfe der Kraft der Erde reinige und lade ich dich als meinen schützenden Flammenwerfer auf."

- Tauche deine Finger in das Wasser und streue es über das Feuerzeug. Sage: "Durch die Kraft des Wassers reinige ich dich und lade dich als meinen schützenden Flammenwerfer auf."

- Hauche das Feuerzeug an und sage: "Durch die Kraft meines Atems reinige ich dich und lade dich als meinen schützenden Flammenwerfer auf."

- Nimm das Feuerzeug in die Hand und schicke mit deiner Schreibhand helles rotes Licht hinein. Sage: "Eine Mauer aus Feuer umgibt mich jetzt. Nichts kommt hindurch, außer was ich zulasse!"

- Probiere es aus. Zünde es an und stelle dir vor, wie die Flamme herausschießt und dich umgibt. Wenn du fertig bist, kannst du dir einfach vorstellen, wie die Flamme in die Erde sinkt und erlischt.

- Verbanne deinen Kreis und räume auf.

Du hast jetzt einen persönlichen Flammenwerfer, den du überallhin mitnehmen kannst. Du kannst ihn zusätzlich zum Körper des Schutzes oder allein verwenden.

## Schütze deine Finanzen

Du kannst deine Geldbörse, Brieftasche oder digitale Geldbörse vor Verlust oder Diebstahl schützen. Wahrscheinlich ist es uns allen schon einmal passiert. Die Geldbörse rutscht aus der Tasche. deine Brieftasche wird im Kaffeehaus vergessen. Jemand klaut deine Daten aus einer Handy-Applikation. Dieser Zauberspruch verhindert das. Lass deine Geldbörse einfach nicht in der Öffentlichkeit liegen.

- Du brauchst deine Kreismaterialien und deine Brieftasche,

deine Geldbörse oder dein Handy - alles, in dem sich Geld befindet.

- Ziehe den Kreis. Lege deine Gegenstände in den Kreis aus Wasser, Salz, Weihrauch und Kerze.

- Diesmal stellst du dir vor, dass die Kraft der Elemente um sie herum und durch sie hindurchwirbelt, wobei die Erde an erster und letzter Stelle steht. Erde ist das Element der Finanzen. Ich mag es, diesem Spruch mehr übernatürliche Kraft zu verleihen.

- Sage: "Mein Geld gehört mir, ich kann damit machen, was ich will. Es soll nicht in die Hände von irgendwelchen Gaunern fallen."

- Wiederhole das immer wieder, bis du dich fertig fühlst. Du wirst wissen, wann du aufhören musst. Wenn du dir nicht sicher bist, mach weiter.

- Verbanne den Kreis und räume auf. Dein Geld ist geschützt. Du solltest diesen Zauber jedes Mal wiederholen, wenn du neues Geld bekommst, egal ob es ein Gehaltsscheck, ein Gewinn oder ein Geburtstagsgeschenk ist.

## Sicherheit auf Reisen

Reisen birgt eine Reihe von Gefahren in sich. Wenn du dich in einem unbekannten Gebiet befindest, die Leute nicht kennst oder nicht an die Umgebung gewöhnt bist, kann dein Abenteuer schnell schiefgehen. Das Verkehrsmittel spielt keine Rolle. Dieser Spruch ist für dich, nicht für ein Fahrzeug. Wir werden das im nächsten Abschnitt behandeln. Dies ist ein persönlicher Schutzzauber, der dich und deine Sachen beschützt.

- Du brauchst dafür nur deinen Wunsch und deine Vorstellungskraft. Es ist eine verstärkte Form des Zaubers "Körper des Schutzes".

- Aktiviere deinen Körper des Schutzes. Sorge dafür, dass er dich und alles, was du bei dir trägst, umgibt - zum Beispiel dein Gepäck. Stelle dir vor, dass sich eine Mauer um dich herum aufbaut. Das ist schwieriger, als es klingt. Du solltest es vielleicht üben, bevor du es anwenden musst. Mache diese Mauer so greifbar wie möglich. Höre, wie sich die Ziegelsteine stapeln, sehe, wie ein wenig Staub aufgewirbelt wird. Deine Nervosität, weil du dich auf unbekanntem Terrain befindest, verleiht dem Ganzen zusätzliche Kraft.

- Wenn du ein Stichwort brauchst, kannst du in einer Menschenmenge sagen oder denken: "Ich bin vor allen sichtbaren und unsichtbaren Gefahren sicher."

- Da dies mit deiner nervösen Energie verbunden ist, wird sie sich auf natürliche Weise auflösen, wenn du dich wieder sicher und entspannt fühlst.

Warum sollte man diesen Zauber nicht ständig verwenden, anstatt den Standardzauber Körper des Schutzes? Das kannst du natürlich, aber es kostet dich eine Menge zusätzlicher Energie. Außerdem ist es so, als würde man eine Festung mit Kanonen zum Schutz vor einer kleinen Maus benutzen.

## Magisches Fleckenschutzmittel

Das hier ist super einfach und macht Spaß. Der Spruch verhindert, dass kleine Ärgernisse an dir haften bleiben. Das ist toll, wenn du einen stressigen Tag vor dir hast.

- Halte den Körper des Schutzes aufrecht und füge eine rutschige Schicht darüber hinzu. Ich stelle mir gerne vor, dass mein Schutzkörper mit Spülmittel bestrichen ist, weil es glitschig und reinigend ist.

- Achte darauf, dass du die Schicht abnimmst, wenn du nach Hause kommst. Du musst sie nur noch verschwinden lassen. Anders als der Standard-Schutzkörper lässt dieser Schutzkörper keine Energie von außen durch, weder gute noch schlechte.

## Schutz-Siegel

Siegel sind sehr populär geworden, und dafür gibt es einen Grund. Sie sind einfach zu machen und sehr mächtig, wenn man genug Energie in sie steckt. Es gibt mehrere Möglichkeiten, ein Siegel zu erstellen, und das könnte ein ganzes Buch oder drei füllen. Für die Zwecke dieses Zaubers werden wir das Pentagramm verwenden.

- Zeichne ein Pentagramm (einen fünfzackigen Stern mit einem Kreis drum herum) auf ein Blatt Papier.

- Lege das Papier so hin, dass du es gut sehen kannst, und konzentriere dich darauf. Entspanne dich so weit, dass deine Augen leicht unscharf werden.

- Wiederhole die einfache Aussage: "Ich bin geschützt."

- Verliere deinen Fokus nicht. Das Symbol wird schließlich aufblitzen oder für den Bruchteil einer Sekunde verschwinden. Wenn es das tut, ist es aufgeladen.

- Behalte es als zusätzliche Barriere bei dir.

# Objektschutz

Wir alle haben Dinge, die wir mehr als andere schützen möchten. Autos, Erbstücke und dergleichen. In meinem Fall sind es Bücher, die gerne verschwinden, also habe ich meine Lieblingsbücher mit einem Schutz versehen.

### Einfacher Objektschutz

- Halte deine Hände über den Gegenstand und stell dir vor, dass helles rotes Licht in den Gegenstand fällt.

- Sage: "Du bist davor geschützt, verloren zu gehen oder gestohlen, beschädigt oder zerbrochen zu werden."

### Fahrzeug Charme

Ich habe es nicht vergessen. Hier ist der Zauberspruch für eure Beförderung, in welcher Form auch immer sie stattfindet.

- Du brauchst deine Kreismaterialien und einen Charme, den du an dein Fahrzeug hängen kannst. Das kann alles sein, von einem Schmuckstück bis hin zu einem Charme, der speziell für den Rückspiegel gemacht wurde. Ich hatte das Glück, einen Charme in Form einer Mondsichel zu finden, an der Sterne baumeln. Ein Schutzsymbol ist von Vorteil - ein Kreuz, ein Pentagramm oder eine Rune -, aber es ist nicht notwendig.

- Ziehe den Kreis.

- Lasse den Charme durch den Weihrauch gleiten und sage: "Ich reinige dich mit der Kraft der Luft."

- Halte ihn in einem sicheren Abstand über die Kerzenflamme und sage: "Ich reinige dich mit der Kraft des Feuers."

- Streue eine Prise Salz darüber und sage: "Ich reinige dich mit der Kraft der Erde."

- Streue ein paar Tropfen Wasser darüber und sage: "Ich reinige dich mit der Kraft des Wassers."

- Halte den Charme mit deiner Hand über ihn. Sende leuchtend rote Energie in ihn hinein.

- Anstelle eines Reims wird die Wiederholung den Zauber besiegeln. Sage: "Vor Pannen und Unfällen ist dieses Fahrzeug geschützt. Vor leeren Benzintanks und platten Reifen ist dieses Fahrzeug geschützt. Vor jeglicher Gefahr ist dieses Fahrzeug geschützt!"

- Wiederhole dies und lasse die Energie so lange in den Zauberspruch einfließen, bis du dich sicher fühlst.

- Dein Charme ist nun bereit, in (oder an) deinem Transportmittel angebracht zu werden. Wenn du unterwegs nervös wirst, wirf einfach einen Blick auf den Charme und wiederhole den Spruch.

- Verbanne den Kreis und räume auf.

## Schutz des Erbstücks

Ich habe die Geister in diesem Buch bisher außen vor gelassen, weil ich möchte, dass du es an deine eigenen Überzeugungen anpasst. Wenn du etwas schützen willst, das in der Familie weitergegeben wurde, dann wird dieser Schutz besonders stark, wenn du deine Vorfahren bittest, dir zu helfen.

- Du brauchst deine Kreismaterialien, eine zusätzliche Kerze, die du deinen Vorfahren widmest, und das Erbstück. Wenn du ein bestimmtes Familienmitglied anrufst, das du zu Lebzeiten kanntest, wird es dir helfen, wenn du ein paar Dinge, die sie mochten, auf deinem Arbeitsplatz hast, um sie zu dir zu holen.

- Ziehe den Kreis. Reinige die Kerze und das Erbstück.

- Halte die Kerze in beiden Händen und schließe die Augen. Atme einige Augenblicke lang und konzentriere dich darauf, mit deinen verstorbenen Verwandten Kontakt aufzunehmen. Stelle die Kerze anschließend in ihren Halter.

- Zünde die Kerze an und halte das Erbstück so, als sei es das Heiligste, was du je berührt hast.

- Sage: "Ich rufe meine Vorfahren an (nenne einen, wenn du bestimmte Verwandte nennst), mir zu helfen, dieses (nenne das Erbstück) zu beschützen, das in meine Obhut gegeben wurde. Bewahre es sicher auf, bis ich an der Reihe bin, es weiterzugeben."

- Wenn es klein genug ist, lege den Gegenstand vor die Kerze. Achte darauf, dass das Wachs nicht heruntertropft.

- Setze dich hin und schließe deine Augen, während die Kerze brennt. Wenn du möchtest, kannst du deine Ahnen anrufen, um sie um Hilfe zu bitten.

- Wenn die Kerze ausgebrannt ist, löse den Kreis auf und räume auf.

Danke deinen Vorfahren und bewahre das Erbstück an einem sicheren Ort auf.


## Andere beschützen

Der Hauptgrund, warum ich mich mit Schutzzaubern beschäftige, ist mein Baby. Er wird zwar schnell erwachsen, aber ich möchte ihn trotzdem sein ganzes Leben lang beschützen. Ich bin mir sicher, dass alle Eltern ihre Kinder am liebsten wegsperren und von der Welt abschirmen würden, aber das ist ein bisschen psychotisch. Stattdessen können wir sie mit unserer Magie schützen und ihnen Stück für Stück ihre Freiheit geben, bis sie bereit sind, das Nest zu verlassen.

## Schütze dein Kind, wenn es weg ist

- Du brauchst deine Kreismaterialien, ein Bild deines Kindes und eine rote Kerze.

- Ziehe deinen Kreis.

- Halte sowohl die Kerze als auch das Bild und stelle dir vor, dass helles rotes Licht von deiner Hand in sie hineinfließt.

- Stelle die Kerze so auf, dass du das Bild davor stellen kannst.

- Zünde die Kerze an, starre in das Bild und sage: "Beschützt sein, beschützt sein, vor Schaden oder Verletzung. Mit dieser Kerzenflamme beschütze ich mein Baby!"

- Sprich weiter, während du dir vorstellst, dass die Kraft der Kerze durch das Bild zu deinem Kind fließt, bis sie ausbrennt.

- Verbanne deinen Kreis und räume auf.

Ganz gleich, wie alt sie sind, deine Kinder werden immer deine Babys sein. Beschütze sie so lange wie möglich, so lange du kannst.

## Schutzzauber für fremde Personen

Bist du jemals einer Person begegnet und hattest den überwältigenden Wunsch, sie zu beschützen? Vielleicht hattest du schon beim Händeschütteln ein ungutes Gefühl, oder die Person befand sich offensichtlich in Not. Ich habe mir diesen kleinen Zauberspruch ausgedacht, als ich eine verängstigte junge

Obdachlose traf. Ich hatte ihr nichts zu geben außer etwas Magie.

- Stelle dir vor, die Person sei von weißem Licht umgeben, das wiederum von rotem Licht umgeben ist.

- Sage (wenn auch nur in deinem Kopf): "Ich segne dich mit dem Schutz meiner Magie."

Das war's. Einfach, aber mächtig. Dieser Zauber lässt nach ein paar Stunden nach, aber er ist perfekt, um jemandem zu helfen, mit dem du nicht eng verbunden bist.

## Mit einem Kuss besiegelt

Für diejenigen, mit denen du eng verbunden bist, wie dein Ehepartner, deine Kinder oder deine Großtante, die dich nicht ohne einen Kuss vorbeilassen, ist dieser Zauber großartig.

- Alles, was du brauchst, ist etwas Lippenbalsam.

- Halte ihn in deinen Händen und schicke das rote Licht hinein.

- Sage: "Perfekter Schutz für alles, was du berührst."

- Wiederhole dies, bis du das Gefühl hast, dass es funktioniert hat.

Lippenbalsam ist ein fantastischer, geschlechtsneutraler Gegenstand, den du immer bei dir tragen kannst. Jedes Mal, wenn du jemanden küsst, wird er von einer zusätzlichen Schutzschicht umgeben.

Jetzt hast du eine Vielzahl von Schutzzaubern für dein Arsenal. Jeder von ihnen kann für deine spezielle Situation angepasst werden.

## Zusammenfassung

In diesem Kapitel hast du gelernt:

- Was du tun musst, bevor du zauberst.

- Ein Zauberspruch für die Schutzgrenze.

- Ein Wasserspeier-Wächter-Zauber.

- Ein persönlicher Flammenwerfer-Zauber.

- Ein Zauberspruch zum Schutz deiner Finanzen.

- Ein Zauberspruch für die Reisesicherheit.

- Ein magischer Fleckenschutzmittelzauber.

- Schutz-Siegel.

- Ein einfacher Objektschutzzauber.

- Ein Fahrzeugzauberspruch.

- Ein Schutzzauber für ein Erbstück.

- Ein Zauberspruch zum Schutz deines Kindes.

- Ein Schutzzauber für fremde Personen.

- Ein zauberhafter Lippenbalsam zum Schutz derer, die du küsst.

# KAPITEL 6

# Flüche

*Was den Krieg und den Frieden betrifft - die Saat des einen wird im anderen gepflanzt.*
**-Clifford Cohen**

Es gibt viele Debatten über das Fluchen. Manche sagen, man sollte es nie tun. Andere sagen, man sollte es oft tun. Ich gehöre zu den Menschen, die der Meinung sind, dass man, auch wenn man es nicht tut, zumindest wissen sollte, wie man flucht. Das ist so, als hätte man eine Waffe zur Selbstverteidigung im Haus. Bewahre sie unter Verschluss auf und lerne, sie richtig zu benutzen, damit du dich nicht selbst verletzt. Du solltest auch die gängigen Flüche und ihre Auswirkungen studieren. Das wird dir helfen, dich und andere zu diagnostizieren, und dir eine bessere Vorstellung davon geben, wovor du dich schützen kannst.

## Arten von Flüchen

Es gibt viele zwielichtige Menschen auf der Welt. Mit dem Internet und der E-Book-Explosion kann man für alles einen Fluch finden. Viele von ihnen werden aus irgendeinem Grund in

Kanistern verpackt. Manche verwenden Puppen, Siegel oder langwierige Rituale. Es gibt Flüche, die dir Unglück, Krankheit und sogar den Tod bringen. Manche wollen, dass du alle deine Freunde und deine Familie verlierst, und versuchen daher, dich von ihnen zu isolieren. Dann gibt es diejenigen, die dich sexuell dominieren wollen. Vergewaltigung durch Magie. Das ist wirklich eine Sache. Manche Leute sind einfach nur Kontrollfreaks, die ihren Willen durchsetzen wollen, also werden sie dich mit Überredungsmagie bearbeiten. Manche sind einfach nur neidische Seelen, die einen guten bösen Blick werfen können (absichtlich oder unabsichtlich).

Es scheint, als wolle jeder seinen Ex zurück. Der Markt wird von dieser Art von Flüchen beherrscht. Auch hier handelt es sich um eine magische Vergewaltigung. Oft wird ein Trennungszauber für den Ex und seinen jetzigen Partner mitgeliefert. Zaubersprüche, die den Ex zurückbringen sollen, sind keine Liebeszauber! Wie bei der körperlichen Vergewaltigung geht es um Kontrolle und Besessenheit. Das ist keine Liebe. Warum sollte jemand jemanden zwingen wollen, eine gescheiterte Beziehung wieder aufzunehmen? Wenn du den Verdacht hast, dass jemand dies getan hat oder jemanden dafür bezahlt hat, dies mit dir zu tun, verstärke sofort deinen Schutzkörper. Mach dann entweder eine Lesung oder lass dir die Karten legen, um sie zu bestätigen. Wenn du weißt, wer es ist, verbanne ihn aus deinem Leben. Wenn du es nicht weißt, arbeite besonders hart an deinen Schutzzaubern, bis sie aufgeben. Denk daran, dass Raubtiere leichte Beute mögen.

In Kapitel zwei habe ich die Diagnose von Flüchen und anderen Formen schlechter Einflüsse besprochen. Ich möchte an dieser

Stelle wiederholen, dass viele davon Anzeichen für Krankheiten sein können, also suche bitte einen Arzt auf. Abgesehen davon nehmen viele Flüche die Form von Krankheiten an, also ist es beides. Lasse die Beschwerden von einem Arzt behandeln und spreche deinen Fluchbrecherzauber.

Eine Sache, die mir bei Flüchen aufgefallen ist, ist, dass sie, wenn sie stark genug sind, durch einen plötzlichen Befall von Ungeziefer hereingetragen werden. Das ist eine Möglichkeit, dem Fluch eine physische Form zu geben, damit er den magischen Schutz umgehen kann. Wenn du noch nie ein Ungezieferproblem in deinem Haus hattest und es plötzlich mit Flöhen übersät ist (und du nicht einmal Haustiere hast), solltest du sofort eine Lesung durchführen. Die Chancen stehen gut, dass jemand beschlossen hat, dass du ein Feind bist.

Neben dem Schädlingsbefall wirst du bemerken, dass dein Haus oder deine Fahrzeuge zu verfallen beginnen. Du hast einen Platten, dann fängt das Badezimmer an, überall Abwasser auszuspucken, dann fällt die Lichtmaschine aus und du musst dein Auto abschleppen lassen. Das Dach wird undicht und ein Ast zerbricht ein Fenster. Es kommt eins zum anderen, wie Dominosteine.

Magie ist weder gut noch schlecht. Sie ist einfach so. Es sind die Menschen, die sie ausüben, die gut oder schlecht sind. Die magische Gemeinschaft ist so vielfältig wie der Rest der Welt, und es liegt an dir, zu entscheiden, welche Art von Hexe du sein willst.

## Familienflüche

Familienflüche, auch Generationsflüche genannt, können

entmutigend sein. Dies sind Flüche, die sich über mehrere Lebenszeiten in deiner genetischen Geschichte erstrecken. Du kannst nicht viel dagegen tun, außer eine dicke Haut zu entwickeln und besser auf der Hut zu sein. Du wirst dich doppelt anstrengen müssen, um mit deiner Reinigung und deinem Schutz Schritt zu halten. Sie können durch viele Dinge in der Vergangenheit deiner Familie verursacht worden sein. Vielleicht hat jemand die falsche Person gekreuzt, ein heiliges Land betreten oder etwas gesehen, was er nicht hätte sehen sollen.

Anzeichen für einen Familienfluch sind Selbsthass, Depressionen, Pech von Geburt an, die Anfälligkeit für verrückte Unfälle und die Unfähigkeit, im Leben voranzukommen, egal wie sehr du dich bemühst. Schau in deine Vergangenheit und sieh nach, ob ältere Familienmitglieder die gleichen Probleme hatten. Manchmal überspringt der Fluch eine oder zwei Generationen, und in der Regel sind nur ein oder zwei Mitglieder pro Generation betroffen.

Wenn du festgestellt hast, dass ein Familienfluch auf dir lastet, kannst du dich gegen seine Auswirkungen wehren.

- Wenn du Erbstücke hast, reinige sie zunächst gründlich.

- Du brauchst deine Kreisutensilien und eine hellblaue Kerze.

- Wirke den Bannkreis und nimm die blaue Kerze.

- Schicke blaues Licht hinein und sage: "Ich bin nicht meine Blutlinie, und meine Blutlinie ist nicht ich. Du bist vollständig geheilt und kannst mich jetzt befreien."

- Zünde die Kerze an und stelle dir vor, wie die Wut, die

hinter dem Fluch steckt, dahinschmilzt. Sieh jetzt, wie das Hellblau deine Aura und deinen Schutzkörper überzieht.

- Lass die Kerze ausbrennen.

- Verbanne den Kreis und räume auf.

Hellblau ist die Farbe der Heilung und der Gelassenheit, daher soll dieser Zauber die Wut entfernen, die einen so mächtigen Fluch antreibt. Wenn etwas durchkommt, wird der Schutzkörper es aufhalten.

Diesen Zauber kannst du nicht nur einmal anwenden. Du wirst ihn mindestens einmal im Monat erneuern müssen, bis die Bedrohung verschwunden ist.

## Der Fluch der sozialen Medien

Heutzutage ist jeder online. Das ist sowohl ein Segen als auch ein Fluch. Der Segen ist, dass jeder mehr denn je vernetzt ist. Der Fluch ist, dass alle mehr denn je miteinander verbunden sind - Freunde, Familie, Feinde und Fremde. Jeder kann jetzt dein Foto zusammen mit deinem Namen und Geburtstag sehen. Die Leute beschließen einfach, dich zu hassen, ohne einen anderen Grund als den, etwas zu haben, worüber sie sich streiten können. Das war anders, als die Kreise noch klein und die Bilder schwer zu bekommen waren. Was kann eine Hexe gegen diese neue Bedrohung tun?

- Ein Spinnennetz ist ein Symbol für die Vernetzung, aber es ist auch ein Symbol für das Einfangen von Insekten (oder Internet-Trollen). Fertige ein einfaches Spinnennetzsymbol an, das du auf all deinen Geräten mit Internetzugang anbringen kannst. Ich beginne mit einem Sternchen und zeichne dann die geschwungenen Linien für das Netz.

- Du kannst deine eigenen Aufkleber machen oder sie einfach mit einem Marker aufmalen.

- Versammle deine Geräte an einem Ort und halte deine Hände über sie.

- Stelle dir vor, dass silberne Energie in die Symbole fließt und sage: "Ich bin nicht mein Bild und mein Bild bin nicht ich. Alle Flüche lassen mich jetzt in ruhe."

- Stelle dir vor, dass das Spinnennetz jede negative Energie, die von deiner Elektronik ausgeht, einfängt.

- Dies sollte mindestens alle drei Monate erneuert werden.

## Den Fluch einfrieren

Vielleicht weißt du, wer dich verflucht. Vielleicht haben sie dir direkt gesagt, dass sie es waren. Ich habe schon mehr als ein paar eingebildete Idioten kennengelernt. Sie alle denken, sie seien so mächtig, dass ihnen nichts etwas anhaben kann. Sie wollen Angst verbreiten und blühen im Konflikt auf. Sie müssen sich beruhigen, und du kannst dafür sorgen, dass das passiert.

- Du brauchst einen kleinen Behälter mit einem verschließbaren Deckel. Ich kaufe meine aus dem ein Euro Geschäft. Wenn du ein Taglock (etwas, das die DNA der Person enthält) hast, umso besser, aber du kannst auch ihren

Namen und ihr Bild verwenden.

- Halte den Taglock in deinen Händen und denke an die Person. Sage: "Ich nenne dich (Name). Du bist (Name)." Stelle dir vor, dass der Gegenstand durch eine silberne Energieleitung mit der Person verbunden ist.

- Lege das Schloss in den Behälter und bedecke ihn mit Wasser. Verschließe es und sage: "Gefroren, gefroren, weggesperrt. Dein Bann gegen mich kann nicht bleiben!"

- Stelle den Behälter in den hinteren Teil deines Gefrierschranks. Stelle dir einen Eisberg vor, der an der Person hochkriecht, während das Wasser gefriert. Wenn er fest gefroren ist, kann der Übeltäter keinen Schaden mehr anrichten.

- Nimm danach ein reinigendes Bad, um alle Spuren des Fluchs zu beseitigen, und stelle den Schutzkörper auf.

## Die Umkehrung

Dies ist ein beliebter Zauberspruch, für den es spezielle Kerzen und Öle gibt. In einigen Lebensmittelgeschäften gibt es sogar Sieben-Tage-Glaskerzen für die Umkehrung. Solltest du sie benutzen?

Ich habe eine Debatte innerhalb der Gemeinschaft erlebt. Manche sagen, es sei ein Fluch in Form eines Schutzzaubers. Andere sagen, dass man nicht die Verantwortung für das Böse eines anderen übernehmen sollte. Der Umkehrung ist einfach eine Möglichkeit, die Person dazu zu bringen, ihre eigenen bösartigen

Schwingungen anzunehmen. Ich stimme letzterem zu. Es ist nicht deine Energie, warum solltest du für sie verantwortlich sein?

- Du wirst deine Kreismaterialien brauchen. Du willst nicht, dass du mit Fluchenergie bombardiert wirst, während du versuchst, diesen Zauber zu wirken.

- Du kannst dir eine dieser speziellen Umkehrkerzen besorgen, wenn du willst, aber ich benutze einfach eine Kerze auf einem kleinen Spiegel. Ich bevorzuge schwarz, aber das ist nicht unbedingt notwendig.

- Ziehe den Kreis.

- Nimm die Kerze in die Hand und stell dir vor, dass das Licht in deiner Lieblingsfarbe in die Kerze fällt. Die Idee ist, dass der Fluch auf die Kerze gelenkt wird und nicht auf dich.

- Sage: "Er hat das Ziel verfehlt, du hast schlecht gezielt. Dieser Fluch kehrt dorthin zurück, wo er herkommt!"

- Bringe die Kerze am Spiegel an und zünde sie an.

- Wiederhole den Spruch, bis die Kerze ausgebrannt ist. Das kann eine Weile dauern und du wirst dich vielleicht langweilen, aber mach weiter.

- Stell dir beim Singen vor, wie die Energie des Fluchs in die Kerze gesaugt wird. Sie schießt aus der Flamme heraus und der Spiegel lenkt sie dorthin zurück, wo sie hingehört.

- Banne den Kreis und räume auf.

## Schwerer Fluchbrecher

Dies ist eine einfache Zutat, die du im Supermarkt bekommen kannst - Ammoniak. Vielleicht hätte ich es in den Abschnitt "Reinigung" aufnehmen sollen, aber ich wollte es hier einfügen, weil es eine explosive Wirkung auf die Fluchenergie hat.

- Du brauchst etwas Ammoniak in einer Sprühflasche.

- Besprühe und wische Wände, Fenster, Türen und Spiegel ab.

- Es hilft, sich vorzustellen, dass du die Schiefertafel abwischst und dabei kleine Explosionen auslöst, wenn es auf bösartige Schwingungen trifft.

Es funktioniert von selbst. Du musst dafür keinen Zauberspruch sprechen. Das solltest du auch nicht. Ammoniak zerstört *alle* magischen Energien, auch deine. Achte darauf, dass du keine Zaubersprüche anwendest, wenn du das versuchst. Ich benutze es nur in äußersten Notfällen. Achte darauf, dass du es nicht auf dich selbst bekommst, vor allem nicht in deine Augen. Vielleicht musst du in Abschnitten arbeiten, damit du an die frische Luft kommst. Die Dämpfe sind furchtbar.

## Fluch Annullierung

Wenn du nicht in Kampfstimmung bist oder nicht weißt, von wem der Fluch ausgeht, kannst du trotzdem etwas tun. Es ist nicht schwer, und du brauchst keine Materialien. Wenn du den Körper des Schutzes beherrschst, kannst du das tun.

- Du spürst, wie die Energie des Fluchs auf dich zukommt wie Kanonenfeuer. Du hast deinen Schutzkörper aufgebaut, aber du spürst sie immer noch. Dehne das Feld so aus, dass es die Energie aktiv auffängt. Ziehe sie auf den Boden, der sie absorbiert und wiederverwertet.

- Du brauchst nichts zu sagen, aber ich finde, dass entsprechende Handbewegungen hilfreich sind.

- Nimm ein reinigendes Bad, um alle Überreste des Fluchs abzuwaschen und deinen Schutzkörper zu stärken.

In den meisten Fällen schickt dir eine Person einen Fluch und vergisst ihn wieder, so dass dies ausreicht. Sei jedoch wachsam. Wenn es sich um jemanden handelt, den du jeden Tag siehst, oder um jemanden, der deine Konten in den sozialen Medien verfolgt, wird er sich vergewissern, dass es geklappt hat. Wenn sie das Gefühl haben, dass du nicht unglücklich genug bist, werden sie einen weiteren Fluch schicken.

## Hexenkriege

Wir müssen aufhören, uns gegenseitig mit Flüchen zu bewerfen wie mit Wasserbomben. Es gibt größere Bedrohungen da draußen, und unser kleinliches Gezänk kann ernste Folgen haben. Wusstest du, dass es da draußen Verrückte gibt, die immer noch glauben, dass man Hexen verbrennen und aufhängen sollte? Diese Leute haben viele Anhänger, und zwar sehr viele! Wenn wir alle einen Waffenstillstand schließen würden, uns vor den wirklichen Bedrohungen schützen und uns auf unsere individuellen Erfolge konzentrieren würden, dann wären wir viel glücklichere Hexen.

Wenn alle gut geschützt sind, dann wäre es sinnlos, sich ständig gegenseitig zu verfluchen. Deshalb habe ich beschlossen, dieses Buch zu schreiben.

Wenn du beschließt, dass Krieg der einzige Weg ist, dein Leiden oder das Leiden anderer zu beenden, dann habe ich ein bisschen fortgeschrittene Magie für dich. Sie ist fortgeschritten, weil sie viel Konzentration und Vorstellungskraft erfordert, aber das einzige benötigte Werkzeug bist du.

- Zuerst musst du dein Selbstvertrauen aufbauen. Lege Musik auf, bei der du dich kraftvoll und stark fühlst.

- Sorge dafür, dass du eine Zeit lang nicht gestört wirst.

- Verstärke deinen Körper des Schutzes.

- Mach es dir bequem und schließe deine Augen.

- Atme tief und langsam, aber bleib bequem.

- Entspanne dich und schließe die Augen.

- Stelle dir vor, du siehst nichts als Energiewellen in allen möglichen Farben um dich herum. Nachdem du sie einen Moment lang studiert hast, kannst du sie unterscheiden. Einige kommen von deinem Körper und dehnen sich aus, bis sie in der Ferne verschwinden. Diejenigen, die mit den Zaubersprüchen in Verbindung stehen, die du gesprochen hast, haben die entsprechenden Farben dieser Zaubersprüche. Das bedeutet, dass sie immer noch für dich arbeiten. Es wird einen oder mehrere geben, die dick sind und die Farbe von wirbelndem Schwarzlicht haben. Sieh sie mit einem wurmartigen Maul, das sich an deine Barriere heftet und versucht, sie zu verderben.

- Halte dich fest und packe sie. Es wird glitschig sein, aber halte es gut fest und beginne zu ziehen. Das kann eine Weile dauern und du musst dich sehr konzentrieren, aber schließlich wirst du die Person, die den Fluch ausgesprochen hat, zu dir ziehen. Du siehst vielleicht nur ihre Aura und ihre Barriere, aber keine physische Gestalt.

- Sobald du sie in deiner Nähe hast, packst du die Fluchranke am Kopf und reißt sie aus deiner Barriere. Das kann weh tun, aber du kannst den Schaden später reparieren.

- Wickle die Ranke um deinen Angreifer, bis er vollständig bedeckt ist.

- Befestige den Kopf der Ranke an der Barriere des Angreifers und stoße ihn weg. Er sollte aus dem Blickfeld verschwinden.

- Wenn du fertig bist, öffne deine Augen und bewege dich ein wenig.

- Führe sofort eine Reinigung durch und verstärke deinen Schutzkörper, indem du dir vorstellst, dass jeglicher Schaden repariert wurde.

Dies ist eine drastische Form der Umkehrung, die alle bürokratischen Hürden überwindet. Du kannst dich deinem Angreifer stellen und ihm Schmerzen zufügen.

## Ein letzter Gedanke

Wenn du denkst, dass du verflucht bist, bist du es auch. Nicht, weil jemand dich mit Magie bewirft, sondern weil die Opfermentalität sich selbst im Weg steht. Du ertrinkst in der zerstörerischen Energie, die du dir selbst zusendest. Das ist ein weiterer Grund, warum es wichtig ist, eine Form der Wahrsagerei zu erlernen. Sobald du das Gefühl hast, dass jemand hinter dir her ist, solltest du ein Lesung machen. Sie wird dir definitiv sagen, ob ein Fluch am Werk ist. In jedem Fall solltest du eine Reinigung und einen Schutz für dich selbst durchführen.

Es gibt mehrere Dinge, die du tun kannst, um Selbstverfluchung zu verhindern.

- Deine Worte sind ein Indikator für deine Gedankenmuster. Wenn diese überwiegend negativ sind, solltest du dein Bestes tun, um sie zu ändern. Wenn du zum Beispiel an einer roten Ampel stehen bleibst, zu spät kommst und immer sagst: "So ein Pech!" Dann schmollst du, bis die Ampel grün wird. Die Chancen stehen gut, dass du noch mehr rote Ampeln überfährst, weil es einfach dein Glück ist. Versuche zu sagen: "Na ja. Vielleicht beim nächsten Mal", und lass es gut sein. Du wirst sehen, dass du mehr grüne als rote Ampeln hast.

- Wenn du dich ständig gestresst fühlst, solltest du dir etwas Zeit für dich selbst nehmen, um inneren Frieden zu finden. Das könnte bedeuten, Yoga oder Meditation zu praktizieren, durch einen Park zu spazieren oder eine Decke zu stricken. Hauptsache, es ist etwas, das du als entspannend empfindest und das dir hilft, dich zu entspannen.

- Die Fluchbrecherzauber in diesem Buch sind nicht nur für die Arbeit im Freien geeignet. Passe deinen Zauber an, um alle Flüche zu brechen, die du vielleicht auf dich selbst gelegt hast.

## Zusammenfassung

In diesem Kapitel hast du gelernt:

- Die Arten von Flüchen und wie man sie diagnostiziert.

- Wie man einen Familienfluch beseitigt.

- Wie du dich selbst aus deinen Fotos in den sozialen Medien entfernst.

- Wie man einen Fluch einfriert.

- Wie man einen Fluch umkehrt.

- Ein hochwirksamer Fluchbrecher-Zauber.

- Ein Fluch, der den Zauber aufhebt.

- Wie man mit Hexenkriegen umgeht.

- Informationen zur Vermeidung von Selbstverfluchungen.

# KAPITEL 7

# Psychische Angriffe und schädliche Geister

*Die häufigste Form des psychischen Angriffs ist die, die von dem unwissenden oder bösartigen Geist unserer Mitmenschen ausgeht.*
**-Dion Fortune**

## Psychische Angriffe

Hellseherische Angriffe kommen von Hexen und normalen Menschen. Die Menschen sind so sehr mit ihrem eigenen Elend beschäftigt, dass sie es nicht ertragen können, wenn jemand Erfolg hat. Nur weil jemand keine Hexerei praktiziert, heißt das nicht, dass sein Geist und seine Aura nicht stark sind. Wenn jemand beschlossen hat, dich ohne Grund zu hassen, dann wahrscheinlich deshalb, weil er dich unter sich behalten will. Es ist zwar leicht, etwas dagegen zu unternehmen, wenn man sich dessen bewusst ist, aber sie überrumpeln dich oft, und das ist ihr Vorteil.

### Erkennen eines psychischen Angriffs

Du könntest einem psychischen Angriff ausgesetzt sein, wenn du:

- keine psychischen Erkrankungen in der Vergangenheit hattest, aber plötzlich starke Stimmungsschwankungen erlebst.

- das Gefühl hast, beobachtet zu werden.

- plötzlich Pech hast, besonders wenn alles so gut zu laufen scheint.

- du dich von Freunden und Familie isoliert fühlst, ohne zu wissen, wann oder wie das passiert ist.

- du plötzlich Kopfschmerzen und Übelkeit hast, wenn du etwas tun willst, das dich glücklich macht.

Wenn es lange genug anhält, ohne dass eine angemessene Reinigung und ein angemessener Schutz erfolgt, könnte sich der psychische Angriff in einen Fluch verwandeln, der zu einem raschen Verfall der Gesundheit, einem völligen Zusammenbruch des Privat- und Arbeitslebens oder zu einem anderen schrecklichen Unglück führt.

Wie ich bereits sagte, sind diese Aussagen nicht endgültig. Manchmal passiert das Leben einfach. Stelle sicher, dass du deine Wahrsagung selbst durchführst oder eine Lesung für dich durchführen lässt, wenn du noch kein Experte bist.

## Zauberspruch zur Abwehr psychischer Angriffe

- Du brauchst deine Kreismaterialien und deine Fantasie. Du solltest ein reinigendes Bad nehmen, bevor du beginnst.

- Ziehe den Kreis.

- Verstärke deinen Körper des Schutzes.

- Setze dich in deinen Kreis und konzentriere dich darauf, deine Aura und deinen Körper des Schutzes mit Spiegeln zu bedecken. Die Spiegel lenken psychische Angriffe auf den Absender zurück.

- Meditiere so lange, bis du die Spiegel sehen und fühlen kannst, die deinen ganzen Körper bedecken. Wenn du zu irgendeinem Zeitpunkt spürst, dass er schwächer wird, stell dir einfach vor, dass er wieder stärker wird.

## Schlafsack

Im Schlaf sind wir besonders anfällig für psychische Angriffe. Ein Schutzsäckchen, das du neben deinem Bett aufbewahrst, wird dich vor Angreifern schützen.

- Du brauchst einen kleinen Organzabeutel, ein wenig roten Pfeffer und Lavendel.

- Fülle das Säckchen mit Lavendel und gib eine Prise vom Pfeffer dazu.

- Halte das Säckchen in der Hand und drücke helles rotes Licht hinein. Sage: "Keine Angriffe, während ich schlafe, alle meine Geheimnisse bleiben bei mir. Dieser Zauber schützt mich, wo ich liege, alle bösen Wünsche müssen fern bleiben!"

- Bewahre das Säckchen auf deinem Nachttisch oder in der Nähe deines Kissens auf. Ich empfehle nicht, es unter das

Kopfkissen zu legen, da sich darin eine Prise roter Pfeffer befindet.

## Seelenfeinde

Jeder hat schon von "Soulmates" gehört, auch wenn du nicht an die Reinkarnation glaubst. Wenn du daran glaubst, denke daran, dass alles ein Gleichgewicht ist. Das Konzept der "Soulmates" hat auch eine Kehrseite. Es ist möglich, dass man durch das Leben geht und ständig gegen eine bestimmte Seele ankämpft. Vielleicht läufst du ständig vor ihr weg, oder sie läuft vor dir weg. In jedem Fall ist es eine toxische Beziehung und muss beendet werden.

- Du brauchst deine Kreismaterialien und ein Messer für das symbolische Schneiden.

- Ziehe dreimal einen Kreis. Dies ist eine psychische Operation, denn du wirst besonders schutzlos sein.

- Entspanne dich und schließe deine Augen. Stelle dir vor, dass du und die andere Person dir gegenübersteht.

- Sobald das klar ist, finde die Schnur, die dich mit der anderen Person verbindet. Da es sich um eine Verbindung handelt, die sich über mehrere Lebenszeiten erstreckt, wird sie dicker sein als normale energetische Schnüre. Wenn du dich darauf konzentrierst, sie zu finden, wird sie in den Fokus kommen. Manchmal befinden sie sich in der Herzgegend, manchmal auf der Stirn und manchmal an einem unerwarteten Ort. Scanne sowohl deinen als auch den gesamten Körper der anderen Person.

- Wenn du sie gefunden hast, mache schneidende Bewegungen über den Bereich, der so nahe wie möglich an deiner Aura liegt. Das ist schwieriger als es klingt und kann mehrere Versuche erfordern.

- Du wirst spüren, wenn die Schnur frei ist. Bleibe entspannt und halte die flache Seite des Messers vor dem Bereich. Die Aura wird mehr als einmal versuchen, sich wieder zu befestigen, bevor sie verschwindet, also achte darauf, dass sie nur auf diese Klinge trifft.

- Wenn sie weg ist, verschwindet die Vision der anderen Person und die Schnur.

- Deine Aura wird dadurch beschädigt, also führe eine Reinigung durch und stärke sie, damit sie ohne Unterbrechung heilen kann.

- Verbanne den Kreis und räume auf.

## Protective Glow mit Salz

Eine einfache Schönheitsroutine kann sich in einen wirksamen Schutz gegen psychische Angriffe verwandeln. Sie ist besonders nützlich gegen den bösen Blick von Fremden, an denen du vorbeigehst.

- Du brauchst Salz, Olivenöl, eine Schüssel und Utensilien zum Mischen und ein leeres Glas zur Aufbewahrung. Es ist gut, einen Vorrat zu haben, damit du diese Prozedur nicht einmal im Monat wiederholen musst.

- Mische das Salz und das Öl in der Schüssel, bis du eine

schöne Peeling-Konsistenz hast. Die Proportionen sind dir überlassen.

- Nimm die Schüssel in die Hand und lege deine Hand darüber. Stelle dir vor, dass helles rotes Licht aus deiner Handfläche in die Schüssel fließt. Sage: "Keine bösen Absichten oder bösen Gedanken. Sie fliegen weg und gehen dann verloren."

- Stell dir vor, wie alle äußeren Einflüsse um dich herum gleiten und davonfliegen. Verbringe eine Weile damit, während du chantest.

- Fülle die Mischung in das Gefäß und verschließe den Deckel.

- Wenn du bereit bist, sie zu verwenden, gib etwas davon auf einen nassen Waschlappen. Reibe damit sanft deine Haut von Kopf bis Fuß ein, während du den Reim rezitierst. Stelle dir vor, wie es mit dem Olivenöl einzieht.

- Geh unter die Dusche und spüle dich ab. Achte darauf, nicht zu stürzen!

- Das sollte etwa einen Monat lang halten, vorausgesetzt, du hältst den Körper des Schutzes aufrecht, der ihn stärkt.

## Die Magie des Lavendels

Apropos Schönheitsroutine: Für diesen Zauber brauchst du nur Produkte, die du vielleicht schon hast oder die du leicht beschaffen kannst. Lavendel ist eine wunderbare Pflanze mit vielen Anwendungsmöglichkeiten. Sie ist reinigend, schützend, fördert die Schönheit und hilft, das dritte Auge zu öffnen.

- Du brauchst ein nach Lavendel duftendes Waschmittel und eine Lotion.

- Öffne den Deckel beider Flaschen und halte deine Hände über die Oberseiten.

- Stelle dir vor, dass leuchtend violette Energie in die Flaschen fließt und sage: "Vor allen Angriffen auf meinen Geist bin ich geschützt. Vor allen Angriffen auf meine Aura bin ich geschützt. Durch die Kraft des Lavendels bin ich geschützt!"

- Wenn du die ganze Kraft in die Flaschen gefüllt hast, verschließe sie und benutze sie ganz normal. Durch den Duft und die Reibbewegungen wird die Kraft aktiviert.

## Verstärkung deiner psychischen Kräfte

Wenn du dich beeilst und deinen Morgenschutz vergisst, wie erkennst du dann, ob jemand schlechte Gedanken in deine Richtung schickt? Die meisten Menschen merken es erst viel später, nachdem sie die Anzeichen und Symptome analysiert haben. Dieses Kräutersäckchen stärkt deine psychischen Sinne, so dass du sie kommen siehst (oder fühlst) und dich um sie kümmern kannst, bevor sie sich an dir festsetzen.

- Du brauchst einen kleinen Beutel, Salz, Sternanis (ganz oder zerkleinert), Lavendel, eine Schüssel zum Mischen und ein Utensil, wenn du nicht mit den Fingern mischen willst. Das Mischungsverhältnis ist dir überlassen.

- Gib das Salz, den Sternanis und den Lavendel in die Schüssel.

- Nimm die Schüssel in die Hand und beginne zu mischen. Stelle dir vor, dass helles violettes Licht von dir zu den Kräutern fließt, während du mischst. Sage: "Ich habe die Fähigkeit, alle bösen Absichten und Lügen zu durchschauen. Nichts Schädliches kann meinen Augen entgehen."

- Mische und singe, bis du sicher bist, dass du genug Energie hineingesteckt hast.

- Gieße es in das Säckchen und binde es zu.

- Halte es an deine Nase und nimm einen kräftigen Zug. Das ist der Geruch der psychischen Fähigkeit.

- Trage das Säckchen immer bei dir, egal wohin du gehst.

Du kannst es herausnehmen und daran schnuppern, wenn du das Gefühl hast, dass du einen Schub brauchst, aber es erledigt die Arbeit von allein. Wenn du den Geruch plötzlich wahrnimmst (vielleicht hast du ihn gar nicht an dir), ist das ein Signal, dass du dich schützen musst. Handle in angemessener Weise, um dich zu schützen.

# Schädliche Geister

Geist ist ein weit gefasster Begriff. Die geistige Welt ist so vielfältig wie die physische Welt. Es gibt gute und schlechte Geister, genauso wie es gute und schlechte Menschen gibt. Für uns ist es manchmal schwierig, den Unterschied zu erkennen. Die meisten Menschen ziehen vorschnell den Schluss, dass ein Geist automatisch schlecht ist, wenn er sich zu erkennen gibt. Das ist ein Irrtum. Einige Geister können bei der Ausübung der Hexerei sehr hilfreich sein und sollten nicht gemieden werden. Götter, Feen, Vorfahren, Geistführer, aufgestiegene Meister, Tiergeister, Landgeister und freundliche Geister sind einige von ihnen, die der Hexe helfen, auf der ätherischen Ebene zu navigieren.

Auf der anderen Seite gibt es böswillige Geister, dämonische Wesenheiten und Astralparasiten. Ob du es glaubst oder nicht, ich habe festgestellt, dass Astralparasiten eher ein Ärgernis sind als alle anderen.

## Astralparasiten

Das Schlimme daran ist, dass man sie nur schwer wieder loswird, genau wie einen physischen Parasiten. Je mehr Schutzenergie du in sie steckst, desto mehr werden sie gefüttert, bis die Energie aufgebraucht ist, sodass normale Zauber nicht funktionieren. Ich habe herausgefunden, dass Klang am besten gegen diese Viecher wirkt.

- Du brauchst entweder eine Klangschale oder ein Tamburin. Ich habe herausgefunden, dass eine Klangschale am besten funktioniert, aber sie kann sehr teuer sein. Ein Tamburin ist leichter zu beschaffen, da es auch mit einem Spielzeug funktioniert.

- Wenn du magst, kannst du dich mit Weihrauch und einer Kerze in Stimmung bringen, aber das ist optional.

- Wenn du eine Klangschale verwendest, setze dich einfach bequem hin und beginne zu spielen. Wenn du ein Tamburin verwendest, stelle dich hin und schüttle es um deinen Körper herum.

- Stelle dir vor, dass der Klang deine Aura so stark in Schwingung versetzt, dass die Parasiten wie verirrte Moskitos davonfliegen.

- Sieh, wie sie dein Haus verlassen und weit weg fliegen, bevor du deinen Körper des Schutzes verstärkst.

## Bösartige Geister

Wenn jemand im Leben böse war, ist er es wahrscheinlich auch im Tod. Ein Serienmörder wird nicht zu einem Heiligen, nur weil er tot ist. Das ist der eigentliche Grund, warum das Spielen mit einem Geisterbrett gefährlich ist. Die meisten Menschen stellen ein solches Brett auf und bitten jeden Geist, mit ihnen zu sprechen. Die richtige Art und Weise, dieses Werkzeug zu benutzen, besteht darin, das Brett zu segnen und einen Wächter dafür zu rufen, einen Geist, der als eine Art Operator fungiert - und der jemanden anruft, der mit ihm sprechen soll. Der Wächter wird niemanden durchlassen, der nicht dazugehört. Hier sind ein paar Möglichkeiten, wie man mit diesen lästigen Kerlen umgehen kann.

- Fürchte dich nicht. Jede Art von schädlichem Geist ernährt sich von Angst. Angst erzeugt eine Menge Energie und das macht sie stärker. Das meiste, was sie tun, dient nur dazu, noch mehr Angst zu erzeugen, damit sie sich selbst erhalten können.

- Du kannst ihnen nicht einfach sagen, dass sie verschwinden sollen. Du musst deine Dominanz durchsetzen. Werde wütend. Schimpfe und schreie sie an. Wenn sie nicht stark genug sind, werden sie normalerweise gehen. Sie suchen nach Leuten, denen sie Angst machen können, und du musst ihnen klarmachen, dass das bei dir nicht funktioniert.

- Sobald du sie verjagt hast, führe eine Reinigung aus Kapitel vier durch.

- Wenn das erledigt ist, beginne damit, eine Grenze um dein Haus zu errichten (Kapitel fünf).

## Zauberspruch für tote Mitbewohner

Vielleicht bist du dir sicher, dass du einen Geist hast, aber du bist nicht sicher, ob er schädlich ist. Es macht dir nichts aus, wenn er in der Nähe ist, solange er nicht versucht, dich oder deine Familie zu erschrecken. Mit diesem Zauber kannst du deinem Gast Grenzen setzen, ohne ihn völlig zu vertreiben.

- Du brauchst deine Kreismaterialien.

- Wirke den Bannkreis. Du wirst ihn benutzen, um deine Fähigkeiten zu verstärken und dich zu schützen, während du mit dem Geist sprichst.

- Sag ihm: "Du kannst bleiben, solange du niemanden hier erschreckst oder verletzt. Wenn du es doch tust, wirst du verbannt!"

- Sitze eine Weile in stiller Kontemplation. Höre auf deinen Gast. Vielleicht spricht er zu dir, gibt ein Geräusch als Zeichen der Zustimmung von sich, oder du spürst eine Bestätigung.

- Wenn alles still wird und du nichts spürst, ist das ein Zeichen dafür, dass er nicht zustimmt. Beginne sofort mit einem Bannungszauber.

## Landgeister

Landgeister, auch genius loci genannt, wohnen in bestimmten Gebieten. Ist dir schon einmal aufgefallen, dass sich die nächste Stadt ganz anders anfühlt als deine Heimatstadt? Selbst Stadtteile haben spürbare energetische Grenzen. Jedes Gebiet hat einen Geist, der eine symbiotische Beziehung zu den Bewohnern - Menschen und Nichtmenschen - unterhält. Die Menschen nehmen die Geister auf unterschiedliche Weise wahr, aber die meisten sind sich über ihre Anwesenheit einig. In meinem spärlichen Umgang mit ihnen habe ich das Gefühl, dass sie mehr sind als gewöhnliche Geister, aber nicht gerade Gottheiten. Vielleicht begannen sie als Geister, die beschlossen, hier zu bleiben, und wurden durch die emotionale Energie der Bewohner immer stärker.

Sie können gelegentlich launisch werden. Wenn du in deinem Gebiet mehr Aufruhr als sonst bemerkst, braucht der Landgeist vielleicht etwas Aufmerksamkeit. Verwende den folgenden Zauber, um eine Beziehung zu ihm aufzubauen und ihn möglicherweise zu beruhigen.

Du kannst dich auch an ihn wenden, wenn es Probleme in der Gemeinde gibt, die gelöst werden müssen. Wenn jemand vermisst wird oder ein örtlicher Dieb unschuldige Menschen bedroht. In ländlichen Gegenden kannst du sie bitten, gute Ernten zu bringen und die landwirtschaftlichen Geräte am Laufen zu halten.

- Du brauchst eine braune oder grüne Stumpenkerze und deine Kreismaterialien.

- Du musst keinen Kreis ziehen, aber er wird dich nicht nur schützen, sondern auch genug Energie aufbringen, um den Landgeist zum Zuhören zu bewegen.

- Halte die Stumpenkerze in der Hand und schließe die Augen. Denke an die Bedürfnisse deiner Gemeinschaft. Stelle dir vor, wie viel besser die Lebensumstände für alle wären und wie glücklich es die direkt Beteiligten machen würde.

- Stelle die Kerze zwischen deine Kreisvorräte. Diese stehen für die Grundelemente, und wenn du die Kerze dort platzierst, wird sie sich auf deine Absicht konzentrieren.

- Zünde die Kerze an und sprich ein inniges Gebet an den Landgeist.

- Verbringe einige Zeit damit, über dein Gebet und das Ergebnis zu meditieren.

- Wenn du das Gefühl hast, dass du erhört wurdest - ein gutes Zeichen dafür ist, dass dich ein Gefühl des Friedens überkommt -, danke dem Geist und lösche die Kerze aus.

- Verbanne den Kreis und räume auf.

Halte die Kerze als Opfergabe für den Landgeist, wenn du eine Bitte vorbringen willst. Es ist auch eine gute Idee, sie anzuzünden und sich zu bedanken, wenn dein Bedürfnis erfüllt wurde. Zünde die Kerze mindestens einmal im Monat an und danke dem Geist für alles, was er für dein Gebiet getan hat. Das wird ihn davon abhalten, einen Wutanfall zu bekommen.

## Dämonische Wesenheit

Es gibt verschiedene Arten von dämonischen Wesenheit , weshalb ich das Wort Wesenheit gewählt habe. Die Medienversion von Dämonen ist stark vereinfacht und dramatisch. Es gibt die Geister, die Zauberer beschwören, um ihnen bei ihrer Arbeit zu helfen, Aasgeister, Krankheitsdämonen und Katastrophendämonen. Vielleicht gibt es noch mehr, aber das sind die, mit denen ich persönlich zu tun hatte.

Die Dämonen, die Zauberer beschwören, um ihnen bei ihrer Magie zu helfen, sind Geister, die nie einen Körper hatten. Das sind die biblischen Dämonen, von denen wir schon so viel gehört haben. Sie sind eine eigene Rasse mit einer eigenen Intelligenz. Sie haben nicht dieselben Ziele und Moralvorstellungen wie die Menschen, daher mögen dir ihre Methoden drastisch erscheinen. Sie sind unberechenbar, weil sie fast reine, rohe Emotionen sind. Wenn du sie um Hilfe bittest, aber nicht auf sie hörst, werden sie wütend. Wenn du ein Problem mit einem dieser Wesen hast, hat es dir wahrscheinlich jemand geschickt.

- Wie bei den Geistern muss die Dominanz hergestellt werden.

- Führe eine Reinigung durch und ziehe eine Grenze.

- Wenn du das Gefühl hast, dass es weg ist, wende die von dir gewählte Methode der Wahrsagung an. Du musst herausfinden, wer hinter dem Angriff steckt.

- Wenn du weißt, wer es ist, wende den Umkehrungszauber aus Kapitel sechs an. Ritze den Namen des Täters in die Kerze und stelle dir vor, dass das Wesen direkt zu ihm zurückkehrt.

- Wenn du nicht weißt, wer es ist, wende einen allgemeinen Umkehrzauber und den Zauber zur Ablenkung psychischer Angriffe an.

Im Gegensatz zu Geistern werden diese Wesen nicht verschwinden. Sie haben einen Auftrag, und den wollen sie auch erfüllen. Normalerweise warten sie darauf, dass du deinen Schutz aufgibst, damit sie wieder eindringen können. Halte deine Schutzmaßnahmen aufrecht und verstärke sie bei Bedarf. Du wartest darauf, dass die Person, die hinter dem Angriff steckt, sich langweilt oder abgelenkt wird, damit die Umkehrung eintreten kann.

Aasgeister sind wie Astralparasiten, nur dass sie psychische Angriffe und Flüche begleiten, um sich von den Nachwirkungen ernähren. Die Standardbannung sollte sich um sie kümmern. Nachdem du sie losgeworden bist, solltest du herausfinden, wer hinter dem Angriff steckt und die notwendigen Maßnahmen ergreifen.

Krankheitsdämonen haben eine lange Geschichte. Man glaubte, sie seien die einzige Ursache für Krankheiten. Heute wissen wir über grundlegende Hygiene und Infektionen Bescheid, und das kommt uns ziemlich albern vor. Ich hatte mit zwei dieser Dämonen zu tun und musste feststellen, dass sie die Krankheit nicht verursacht haben. Sie haben sich an sie gehängt und sie verschlimmert. Krankheit schwächt die magischen Abwehrkräfte des Körpers und macht es diesen Typen leicht, sich einzuschleichen und ein Festmahl zu feiern.

Katastrophendämonen werden durch Tragödien geboren. Die Kombination aus Wut, Angst, Blut und Tod sind die perfekten Zutaten für einen mächtigen Dämon. Diese sind am furchterregendsten. Sie sind diejenigen, die versuchen, die Dinge zu manipulieren, um mehr Tragödien zu schaffen, damit mehr Dämonen existieren können. Wenn sich eine Katastrophe ereignet, auch wenn sie weit weg ist, stimme deinen Geist darauf ein. Du wirst spüren, wie die Wesenheit aus ihr aufsteigt. Leider weiß ich nicht, ob man etwas dagegen tun kann, außer daran zu arbeiten, sich selbst und seine Lieben zu schützen. Es ist viel zu groß für eine einzelne Hexe.

Wenn du dich entscheidest, mit einem dieser Dämonen zu arbeiten, wie es einige Hexen tun, sei vorsichtig. Diese Typen gibt es schon lange, und sie denken nicht wie Menschen. Die meisten von ihnen sind nicht darauf aus, dein Leben zu zerstören, aber ich habe schon viele Geschichten in dieser Richtung gehört. Die meisten sagen auch, dass die Zerstörung notwendig war, sie haben es nur erst später gemerkt. Dämonen nehmen gerne alles auseinander und fangen von vorne an, um die Art von Mensch zu erschaffen, mit der sie arbeiten wollen. Wenn du dich dafür entscheidest, dass dies dein Weg ist, sei vorsichtig, was du dir wünschst.

## Andere Entitäten

Es gibt da draußen noch andere, spezifischere Wesen. Wenn du mit der Geisterwelt zu tun haben willst, solltest du alles über sie wissen, was du kannst. Manchmal sind sie selten oder auf eine bestimmte Kultur beschränkt. Wenn du tiefer in die Welt der Geister eintauchen möchtest, ist das Buch *The Element Encyclopedia of Spirits* von Judika Illes ein guter Ausgangspunkt.

# Totenbeschwörung (Nekromantie)

Totenbeschwörung (Nekromantie) ist ein furchterregendes Wort, aber wie die meisten in der Welt der Magie wurde es vom Mainstream ausgenutzt. Es bedeutet einfach, dass man mit den Geistern der Toten spricht. Wenn du eine Kerze für einen verstorbenen geliebten Menschen anzündest und ein Gebet für ihn sprichst, praktizierst du Nekromantie. Hellseher nutzen diese Gabe ständig, um den Verstorbenen beim Übergang ins Jenseits zu helfen und ihren lebenden Angehörigen einen kleinen Trost zu spenden. Wenn du dich für die Medialität entscheidest oder einfach nur ein Geisterbrett benutzen willst, kannst du dich vor eindringenden Geistern schützen.

- Verstärke deinen Schutzkörper.

- Du solltest immer wissen, mit wem du Kontakt aufnehmen willst. Es ist nie eine gute Idee, Fremde in deinen Raum einzuladen.

- Bevor du anfängst, mach klar, dass du nichts Schädliches in deine Nähe lassen wirst. Gegenüber bösen Geistern musst du durchsetzungsfähig sein.

- Wenn du fertig bist, bedanke dich immer bei dem Geist und bitte ihn, zu gehen. Wenn sie hartnäckig sind, führe eine vollständige Reinigung durch.

- Reinige dich selbst und stelle sicher, dass du keine Portale offen gelassen hast.

- Richte "Sprechzeiten" für die Geister ein. Sobald sie merken, dass jemand mit ihnen kommunizieren kann, neigen sie dazu, aufdringlich zu werden. Beauftrage deinen Wasserspeier-Wächter, diese Zeiten durchzusetzen.

## Kontaktaufnahme mit einem Geistwächter

Ein Geistwächter ist ein Geistführer mit einer zusätzlichen Aufgabe. Wenn du vorhast, irgendeine Art von Geisterbeschwörung zu betreiben, ist es das Klügste, einen Geistwächter zu bitten, sich dir anzuschließen.

- Du brauchst deine Kreismaterialien und eine große weiße

Stumpenkerze. Diese Kerze ist deinem geistigen Wächter gewidmet, also solltest du sie jedes Mal benutzen, wenn du Geisterbeschwörung betreibst.

- Ziehe den Kreis und nimm die Kerze in die Hand.

- Stell dir vor, dass helles weißes Licht aus deiner schreibenden Hand in die Kerze fließt.

- Fülle sie mit Liebe und sage: "Ich rufe einen geistigen Führer an, der mich auch vor Schaden bewahren wird, wenn ich mich in die Geisterwelt begebe."

- Zünde die Kerze an und schaue in die Flamme.

- Wiederhole die Bitte, bis du dich erhört fühlst. Normalerweise überkommt dich ein Gefühl der Wärme und des Friedens oder ein Kribbeln auf deinem Gesicht. Jeder erlebt es anders, aber du wirst auf jeden Fall eine Veränderung spüren.

- Wenn du mit einem Geisterbrett oder automatischem Schreiben übst, kannst du wahrscheinlich leicht einen Namen finden. Wenn nicht, fällt er dir vielleicht im Traum ein, oder er kommt dir einfach in den Sinn.

Auch wenn du nicht über ein Brett oder eine Schrift kommunizieren kannst, solltest du regelmäßig mit ihm sprechen. Danke ihm, dass es dir geholfen hat, und gib ihm Energie, indem du seine Kerze anzündest. Er wird niemals schädliche Geister in deine Nähe lassen, solange du eine Beziehung zu ihm aufbaust.

## Einem verstorbenen geliebten Menschen helfen, die Erde friedlich zu verlassen

Wenn jemand, den du liebst, gerade verstorben ist und es kurz darauf zu Unruhen in deinem Haus kommt, liegt das wahrscheinlich daran, dass der Geist nicht weiß, was er als Nächstes tun soll. Er bittet dich um Hilfe, weil er weiß, dass du dazu in der Lage bist.

Wenn du kannst, versuche, mit ihm Kontakt aufzunehmen. Finde heraus, was seine unerledigten Aufgaben sind, und schau, ob du ihm dabei helfen kannst. Wenn das nicht möglich ist, wird dieser Zauber ihm helfen, Frieden zu finden und weiterzugehen.

- Du brauchst deine Kreismaterialien, etwas, das deinen geliebten Menschen repräsentiert, und einen Spiegel, der als Portal dient.

- Lege dein Material bereit. Platziere den Spiegel in der Mitte und die Darstellung vor ihm. Das wird den geliebten Menschen zu dir hinziehen.

- Lade den geliebten Menschen ein, neben dich zu treten.

- Schließe den Bannkreis um dich herum.

- Sage: "Sei zufrieden, deine Arbeit hier ist getan. Du kannst jetzt gehen, strahlend wie die Sonne."

- Schließe deine Augen. Stell dir vor, du stehst deinem geliebten Menschen Auge in Auge gegenüber. Ein stilles Glücksgefühl überkommt euch beide. Er beginnt heller und heller zu leuchten, während du seine Hand nimmst. Führe ihn zum Spiegel und ermutige ihn, hindurchzutreten. Lass ihn wissen, dass es nichts zu befürchten gibt, und lass seine Hand los. Sieh, wie die Person noch heller leuchtet, wenn sie hindurchgeht.

- Verabschiede dich und weine Freudentränen.

- Schließe das Spiegelportal.

- Verbanne den Kreis und räume auf.

# Spirituelle Hilfe

Viele Hexen bedienen sich der Hilfe der oben genannten wohlwollenden Geister. Wenn du mit einem von ihnen in gutem Einvernehmen stehst, kannst du sie in diesen Situationen um Hilfe bitten. Ein Gebet und eine stille Meditation werden dir helfen, mit ihnen in Kontakt zu treten. Achte darauf, dass du dich danach bei ihnen bedankst. Dankbarkeit ist eine großartige Energie, die du ihnen geben kannst. Manche Menschen widmen ihren Hilfsgeistern ganze Altäre, aber das willst du vielleicht nicht. Solange du dich ihnen mit Respekt näherst und ihnen danach dankst, wird alles gut gehen.

### Gebet vs. Magie

Das Gebet ist eine Form der Magie und die Magie ist eine Form des Gebets. Sie sind miteinander verwandt, aber nicht dasselbe. Im Gebet bittet man den Geist oder Gott, für einen zu intervenieren. Dies geschieht in der Regel in einer Krisensituation, in der sich die Person hilflos fühlt. Das Gebet dient auch dazu, eine Beziehung zu den von jemandem gewählten Göttern zu unterhalten und ihnen für ihre Hilfe zu danken.

Magie bedeutet, die Verantwortung in die eigenen Hände zu nehmen, um zu manifestieren, was man braucht. Wenn du einen Gott oder einen Geist in einem Zauberspruch um Hilfe bittest, leihen sie dir etwas von ihrer Energie, aber du fügst sie zu den anderen Energien hinzu, die du gesammelt hast, und schickst sie an ihr Ziel.

Wenn du beschließt, dass die Arbeit mit Geistern oder Göttern nichts für dich ist, ist das in Ordnung. Sie machen den Umgang mit schädlichen Geistern einfacher, aber das kannst du auch selbst tun. Achte nur darauf, dass du unterscheiden kannst, welche Geister schädlich sind und welche nicht. Manche Geister werden dich wählen. Sie werden zu dir kommen und dir anbieten, dir bei deiner Magie zu helfen. Glaube nicht, dass du sie annehmen musst, wenn du dich unwohl fühlst. Lehne respektvoll ab, und sie werden von selbst wieder gehen. Einige werden zurückkommen, wenn du darum bittest, aber einige werden ihre Hände in Unschuld waschen. In der physischen Welt ist es dasselbe. Freunde kommen und gehen, ein Fremder hilft dir, einen Reifen zu wechseln, oder du verliebst dich in deinen schlimmsten Feind. In der geistigen Welt ist es nicht anders, und es hilft, sich das vor Augen zu halten.

## Zusammenfassung

In diesem Kapitel hast du gelernt:

- Was übersinnliche Angriffe sind und wie man sie erkennt.

- Ein Zauberspruch, um sich vor einem psychischen Angriff zu schützen.

- Ein Säckchen, das dich im Schlaf schützt.

- Ein Zauber, um die Verbindung mit einer schädlichen Person zu brechen, die du schon mehrere Leben lang kennst.

- Ein Protective Glow-Zauber mit Salz.

- Ein Zauberspruch mit Lavendelbadprodukten.

- Ein Zauber, um deine psychischen Kräfte zu stärken.

- Arten von schädlichen Geistern.

- Was Astralparasiten sind und wie man mit ihnen umgeht.

- Wie man mit bösartigen Geistern umgeht.

- Ein Zauber für tote Mitbewohner, um sich mit einem Geist anzufreunden.

- Informationen über Landgeister und wie man sie beruhigt.

- Verschiedene Arten von dämonischen Wesen, denen du begegnen kannst.

- Eine Buchempfehlung für den Umgang mit Geistern.

- Was Totenbeschwörung ist und wie man sich schützt, wenn man sie praktiziert.

- Ein Zauberspruch, um einen Geisterwächter zu kontaktieren.

- Ein Zauberspruch, um einem geliebten Menschen zu helfen, die Erde friedlich zu verlassen.

- Informationen über die Suche nach spiritueller Hilfe.

- Der Unterschied zwischen Gebet und Magie.

# KAPITEL 8

# Flaschen-Zauber

*Die Flasche mag ein wenig verstaubt sein, aber lass dich nicht davon täuschen, was drin ist.*
**-David Lee Murphy**

Flaschen-Zauber oder auch Kanister-Zauber genannt, sind eine wunderbare Möglichkeit, eine ganze Menge Kraft in ein kleines Gefäß zu packen. Du kannst diese winzigen Behälter für tragbare Versionen oder größere Einmachgläser verwenden. Du kannst Kanister, Flaschen, Dosen und sogar Vorratsbehälter für Lebensmittel verwenden. Die Möglichkeiten sind endlos.

Die Zutaten müssen nicht unbedingt Kräuter enthalten. Du brauchst Dinge, die deinem Ziel entsprechen und die in die Behälter passen. Das kann ein Bild, ein Namenspapier, ein Anhänger, eine Petition, ein Siegel usw. sein. Die Behälter können jede Größe und Form haben, solange der Deckel dicht ist. Manche wählen Kanister mit Metalldeckeln, weil sie die Kerze gerne darauf anzünden, um den Zauber zu versiegeln. Wie viel von den Zutaten du verwenden willst, bleibt dir überlassen. Bei den Kräutern reicht eine kleine Menge sehr weit aus. Je nach Größe des Behälters brauchst du so viel, wie dir gefällt (ästhetisch oder energetisch). Keine zwei Hexen zaubern auf die gleiche Weise, selbst wenn es sich um den gleichen Zauber handelt.

Was sollst du mit dem Behälter machen, wenn der Zauber vorbei ist? Das hängt von der Art der Arbeit ab, die du machst. Wenn es sich um einen Schutzkanister für dein Haus handelt, bewahre ihn an einem zentralen Ort auf. Wenn er für eine andere Person bestimmt ist, gib ihn ihr oder bewahre ihn an einem Ort auf, an dem er nicht beschädigt werden kann. Wenn er zum Verbannen gedacht ist, vergrabe ihn irgendwo außerhalb deines Hauses - am besten an einem Ort, den du nicht oft überquerst. Wenn er zum Binden gedacht ist, bewahre ihn an einem dunklen Ort auf, z. B. oben in der Ecke eines Schranks, um ihn "im Dunkeln zu halten".

## Petitionen

Stift und Papier sind deine besten Freunde, wenn es um Flaschen Zauber geht. Du musst nur deinen Wunsch aufschreiben, ihn aufladen und mit den entsprechenden Zutaten in den jeweiligen Behälter legen. Die Petition sollte kurz und prägnant sein. Wenn du etwas verbannen möchtest, falte es von dir weg, während du dir vorstellst, wie das Ziel flieht. Wenn du etwas zu dir ziehen willst, falte es zu dir hin, während du dir vorstellst, wie das Ziel zu dir gezogen wird.

Eine andere Art von Petition ist ein Namenspapier. Du kannst es anstelle des Bildes oder des Namensschildes einer Person verwenden. Es sollte den vollständigen Namen und den Geburtstag der Person enthalten. Wenn die Person in den sozialen Medien aktiv ist, kannst du auch ihr Bild ausdrucken und verwenden.

Siegel eignen sich auch hervorragend für Petitionen. Du kannst die Methode des Durchstreichens verwenden oder eine finden, die zu deinem Anliegen passt. Bei der Durchstreichungsmethode schreibst du die Absicht auf. Streiche die Vokale durch und wiederhole die Konsonanten. Ordne die übrig gebliebenen Buchstaben in einem Symbol an, das dir gefällt. Ich bin darin nicht sehr gut, deshalb suche ich mir normalerweise ein bekanntes Symbol aus (ein Pentagramm für Schutz, ein Dollarzeichen für Geld, ein Herz für Liebe usw.).

# Der erste Kanister-Zauber

Die traditionelle Hexenflasche gibt es schon seit Jahrhunderten, und archäologische Funde darüber gibt es überall auf der Welt. Sie ist eine wirksame Methode zum Schutz, vorausgesetzt, dein Feind lässt sich leicht täuschen. Die Idee dahinter ist, dass jegliche Fluchenergie oder angreifende Geister die Flasche für dich halten und sie stattdessen angreifen.

- Du brauchst einen versiegelten Kanister, scharfe Gegenstände wie Nadeln und Stifte und deinen eigenen Urin. Nicht gerade hygienisch, oder? Es geht darum, so viel von deinem eigenen Körper in dem Behälter zu haben, dass er wie ein Köder wirkt. Eine ansprechendere Variante ist es, die eigenen Haare aus der Bürste zu nehmen und sie zu verwenden. Ich habe das mit großartigen Ergebnissen gemacht. Achte nur darauf, dass du viel davon nimmst.

- Fülle die Flasche, verschließe sie gut und vergrabe sie. Jede

Energie, die du bekommst, wird auf den Kanister gelenkt, und die scharfen Gegenstände wirken wie Schwerter, um sie zu zerschlagen.

## Bindung von Kanistern

Bei Kanistern geht es vor allem um die Eingrenzung. Hast du jemanden, der dich nicht in Ruhe lassen will? Vielleicht einen furchtbaren Nachbarn, der jede Woche die Ordnungshüter auf dich hetzt? Du kannst sie binden und ihnen den Wind aus den Segeln nehmen.

- Du brauchst einen Siegelbehälter, etwas, das die Person repräsentiert - ein Bild, ein Namenspapier oder ein Schildchen -, eine Schnur, Salz, schwarzen Pfeffer und Mohnsamen. Eine schwarze Kerze wäre wünschenswert, aber weiß ist universell. Du brauchst keinen Bannkreis zu machen, aber wenn du dich dafür entscheidest, nimmst du deine Ausrüstung mit.

- Wirf den Kreis jetzt, wenn du dich dafür entschieden hast.

- Stelle die Zutaten für deinen Kanister vor dich hin und nimm die schwarze Kerze. Sage: "Ich lade diese Kerze auf, um (Name) zu binden. Möge (Name) mich nie wieder belästigen!"

- Stell dir vor, dass schwarze, klebrige Energie mit deiner Schreibhand in die Kerze fließt. Wenn du das Gefühl hast, dass du fertig bist, stellst du die Kerze beiseite.

- Nimm die Darstellung auf und schicke ihr die schwarze

Energie. Sage: "Du bist (Name). Was dir angetan wird, wird auch (Name) angetan."

- Lege sie auf den Boden des Kanisters.

- Nimm das Salz und sage: "Ich lade dieses Salz auf, um jegliche negative Energie von (Name) zu blockieren und zu reinigen." Gieße es über die Darstellung.

- Nimm den schwarzen Pfeffer und sage: "Ich lade diesen Pfeffer auf, um jegliche negative Energie von (Name) zu blockieren und zu zerstören." Gieße ihn über das Salz.

- Nimm die Mohnsamen und sage: "Ich lade diese Mohnsamen auf, um (Name) zu verwirren. Jedes Mal, wenn (Name) an mich denkt oder versucht, mich zu belästigen, wird er abgelenkt und vergisst." Schütte sie oben auf den Pfeffer.

- Verschließe die Dose.

- Schmelze die Unterseite der Kerze ein wenig und befestige sie am Deckel. Setze dich hin, konzentriere dich eine Weile darauf und sage: "In diesem Kanister bist du gebunden. In deinem Geist kann ich nicht gefunden werden."

- Zünde die Kerze an und wiederhole dies, während sie abbrennt. Lasse sie ausbrennen, bis das Wachs den Deckel bedeckt.

- Stelle den Behälter in einen dunklen Schrank, wo er nicht gestört werden kann.

## Haussicherheitskanister

- Du brauchst einen Kanister mit einem Deckel. Wenn du also einen dekorativen Kanister oder eine Flasche verwenden möchtest, ist das toll. Wenn nicht, reicht auch ein einfacher Kanister. Außerdem brauchst du einfachen weißen Reis und rote Lebensmittelfarbe. Eine Schüssel und ein Löffel zum Mischen sollten ebenfalls zur Hand sein. Da Reis saugfähig ist, ist er die einzige Zutat, die du für diesen Zauber brauchst.

- Messe genug Reis ab, um den Kanister zu füllen, und schütte ihn in die Schüssel.

- Gib einen Tropfen Lebensmittelfarbe hinein und mische ihn, während du singst: "Dieses Haus und alles, was darin ist, ist geschützt."

- Wiederhole diesen Vorgang, Tropfen für Tropfen, bis du eine schöne tiefrote Farbe erreicht hast. Achte darauf, dass es nicht zu matschig wird.

- Halte deine Schreibhand über die Schüssel und schicke hellrotes Licht hinein, während du den Spruch wiederholst.

- Mische weiter, bis die Farbe gleichmäßig und trocken aussieht.

- Gieße sie in den Kanister und verschließe ihn.

- Nimm den Kanister kurz in die Hand und wiederhole den Spruch ein paar Mal.

- Stelle ihn an einen Ort, an dem jeder vorbeikommt.

Da Reis saugfähig ist, zieht dieser Kanister schützende Energie zu dir, anstatt sie nach außen abzustrahlen. Das bedeutet, dass er nicht wieder aufgeladen werden muss, es sei denn, du siehst, dass der Reis anfängt, schlecht zu werden. Wenn er schlecht wird, bedeutet das, dass etwas Negativität durchkam. Du musst ihn wegwerfen und von vorne anfangen.

## Nasser Kanister zum Verbannen von Feinden

- Du brauchst ein Einmachglas, weil es sich sehr gut verschließen lässt, ein Taglock oder ein Namenspapier deines Feindes, die schärfste scharfe Soße, die du finden kannst, und Essig.

- Halte dein Schildchen oder dein Namenspapier in der Hand und schicke schwarze Energie hinein. Sage: "Du bist (Name). Was dir passiert, passiert auch (Name)."

- Halte es ein paar Augenblicke lang und lade es so weit wie möglich auf, bevor du es in das Glas fallen lässt.

- Gieße die scharfe Soße in den Kanister (pass auf, dass sie dir nicht in die Augen spritzt). Stelle dir vor, dass dein Feind jedes Mal Feuer fängt, wenn er versucht, sich dir zu nähern.

- Wenn noch Platz im Glas ist, fülle es bis zum Rand mit Essig und verschließe es.

- Vergrabe es an einem Ort, den du nie wieder überqueren wirst. Wenn du wie ich aus der Stadt kommst, bedeutet das, dass du es vorsichtig in einem Müllcontainer in einer Straße vergräbst, in der du dich nicht aufhältst.

## Fluchbrecher-Kanister

Das Aufstellen eines Kanisters zum Auflösen von Unglücksbringern wird dazu beitragen, dass dein Haus und alle, die dort leben, Glück haben.

- Du brauchst einen klaren Kanister, Quellwasser, Nägel und eine weiße Kerze.

- Halte die Nägel in der Hand und sage: "Ich lade dich ein, alle Flüche, Verhexungen oder Unglücksbringer zu durchbrechen." Schicke weißes Licht in die Nägel, bis du spürst, dass sie aufgeladen sind.

- Lege die Nägel sanft in den Kanister.

- Halte das Wasser und sage: "Ich lade dich ein, alle Flüche, Verhexungen oder Hexen wegzuwaschen." Schicke weißes Licht hinein, bis du spürst, dass es aufgeladen ist.

- Gieße es in den Kanister und schließe den Deckel.

- Halte die Kerze und sage: "Ich lade dich auf, alle Flüche, Verhexungen oder Unglücksbringer wegzubrennen." Schicke weißes Licht in die Kerze, bis du spürst, dass sie aufgeladen ist.

- Schmelze die Unterseite der Kerze ein wenig und klebe sie auf den Deckel.

- Zünde die Kerze an und wiederhole "Keine Flüche, keine Verhexungen, kein Unglück", bis die Kerze ausgebrannt ist.

- Lasse den Kanister an einem Ort stehen, an dem jeder im Haus jeden Tag vorbeikommt.

- Wenn das Wasser trübe wird, bedeutet das, dass es Negativität aufgenommen hat, die auf dich gerichtet ist. Es ist an der Zeit, es auszutauschen und den Zauber neu zu sprechen.

## Kanister zur Vertreibung böser Geister

Egal, ob du einen Geist, ein dämonisches Wesen oder einen Trickbetrüger hast, der immer wieder deine Post stiehlt, dies wird sie aggressiv auffordern, zu gehen und sie daran hindern, wiederzukommen.

- Du brauchst einen Behälter mit Deckel, Salz, zerstoßene Eisentabletten, roten Pfeffer und schwarzen Pfeffer. Du solltest auch eine Schüssel zum Mischen haben.

- Gib so viel Salz in die Schüssel, dass der Kanister weitgehend gefüllt ist. Gib jeweils etwa einen Teelöffel der anderen Zutaten hinzu.

- Stelle dir beim Mischen vor, dass das Pulver helle Strahlen aus roter und weißer Energie aussendet. Sage: "Kein Geist darf hier eindringen!", während du mischst.

- Wiederhole den Vorgang, bis du das Gefühl hast, dass es aufgeladen ist.

- Gieße es in den Kanister und verschließe den Deckel.

- Platziere es an einem beliebigen Ort in deinem Haus.

## Schutzflasche

Kanisterzauber machen Spaß, sind einfach und wirkungsvoll. Keiner dieser Zauber ist schwierig, aber jeder von ihnen hat eine große Wirkung. Man kann ihnen alles Mögliche hinzufügen (oder von ihnen abziehen). Sie können zusammen mit anderen Zaubern verwendet werden, um ein noch dramatischeres Ergebnis zu erzielen, und sie können miniaturisiert werden. Ich habe diese winzigen Gläser und Flaschen in den sozialen Medien gesehen, und das ist eine tolle Idee, aber man sollte bedenken, dass sie aus Glas sind. Eine Reise ins Krankenhaus ist nicht das beabsichtigte Ergebnis!

- Du brauchst eine kleine Flasche mit einem Deckel oder Korken (diese Mini-Flaschen aus der Schmuckabteilung eines Bastelladens), ein Bettelarmband, eine rote Kerze, Salz, Chilipulver, ein kleines Stück Papier und deine Kreismaterialien. Normalerweise haben diese Flaschen bereits Ringe am Korken, um sie an Schmuckstücken zu befestigen, aber wenn deine Flasche keine Ringe hat, musst du eine Packung kleiner Schraubringe besorgen und sie selbst anbringen.

- Wirke den Bannkreis und hebe die rote Kerze auf.

- Stelle dir vor, dass rote Schutzenergie von deiner Hand in sie hineinfließt. Sage: "Ich bin vor allem Unheil geschützt,

das mir widerfährt. Ich bin von jetzt an bis in alle Ewigkeit
geschützt!"

- Stelle die Kerze in ihren Halter und zünde sie an.

- Nimm das Salz und das Chilipulver und sprich dabei den
gleichen Spruch wie bei der Kerze.

- Es kann schwierig sein, das Salz und das Chilipulver zu
bekommen. Knicke ein Stück Papier und benutze es als
Schieber, indem du eine Prise nach der anderen
hineinschüttest.

- Verschließe ihn so fest wie möglich und schraube bei Bedarf
einen Ring hinein.

- Wenn du eine Spitzkerze verwendest, tropfe das Wachs
über den Korken. Wenn es sich um eine Stumpenkerze
handelt, tauche sie in das Wachs, das sich in der Mitte
sammelt.

- Entferne alle Wachsreste vom Ring und lass ihn abkühlen.

- Verbanne den Kreis und räume auf. Die rote Kerze kannst
du auslöschen und für den gleichen Zauber aufbewahren.

- Befestige sie am Bettelarmband.

- Stelle dir vor, dass rote Schutzenergie aus deiner
schreibenden Hand in sie hineinfließt. Sage: "Ich bin vor
allem Unheil geschützt, das mir widerfährt. Ich bin von jetzt
an bis in alle Ewigkeit geschützt!"

Ich habe schon einige davon gemacht, und sie funktionieren gut, aber sie müssen oft ersetzt werden. Sie neigen dazu, zu brechen oder zu verschwinden, wenn sie ihre Aufgabe erfüllt haben.

## Die Freundschaftsflasche

Einer der besten Wege, einen Feind loszuwerden, ist, ihn zu bekehren. Man kann nie zu viele Freunde haben, oder?

- Du brauchst eine kleine Flasche, ein Abbild deines Feindes und Pfannkuchensirup.

- Halte die Darstellung. Stelle dir vor, sie sei direkt mit deinem Feind verbunden und sage: "Ich nenne dich (Name). Was dir passiert, passiert auch (Name)."

- Gib sie in die Flasche.

- Gieße den Sirup in die Flasche und verschließe sie gut.

- Halte sie eine Weile in der Hand und stell dir vor, dass dein Feind jedes Mal, wenn ihr euch seht, nett zu dir ist.

## Der "Ich hab's kapiert"-Zauber

Wenn du dich vom Leben überwältigt fühlst, negative Energie auf dich einprasselt und kein Ende in Sicht ist, brauchst du eine Dosis Zuversicht und Stärke. Wir verwenden die feurigen Kräuter Zimt und Nelke für diesen Zauber. Während die Paprika gut für Schutz und Verteidigung geeignet ist, sind Zimt und Nelke besser für Mut und persönliche Kraft geeignet.

- Du brauchst ein kleines Fläschchen, etwa so groß wie ein

Whiskeyglas, eine rote Kerze, dein Zirkelmaterial, Salz, gemahlenen Zimt, gemahlene Nelken und Lavendel. Halte eine Schüssel und ein Utensil zum Mischen bereit und entweder einen kleinen Trichter oder bastle dir einen aus einem kleinen Stück Papier.

- Ziehe den Bannkreis.

- Nimm die Kerze in die Hand. Stelle dir vor, dass rotes Licht aus deiner schreibenden Hand in die Kerze strömt, und sage: "Mit Hilfe der Kräfte des Mars und des Feuers, gib mir die Kraft, die ich brauche, um das durchzustehen." Wiederhole dies, bis du das Gefühl hast, dass die Kerze aufgeladen ist.

- Gieße gleiche Mengen der Kräuter in die Mischschüssel (genug, um die Flasche zu füllen). Singe beim Mischen.

- Gieße die Kräuter in die Flasche und verschließe sie fest.

- Träufle das Wachs der roten Kerze darüber und lass es kurz abkühlen.

- Halte die Flasche über dein Herz und sage: "Ich schaffe das. Ich kann es schaffen. Ich kann es besiegen."

- Stelle dir vor, wie rotes und lavendelfarbenes Licht aus der Flasche in dein Herz strömt - rot für Mut und lavendelfarben für Gelassenheit.

- Verbanne den Kreis und räume auf.

- Wann immer du dich wieder überfordert fühlst, halte die

Flasche an dein Herz und erinnere dich daran, dass du es schaffst, dass du es schaffen kannst.

## Flasche für den Frieden

Manchmal sind wir einfach erschöpft. Der alltägliche Stress kann seinen Tribut fordern und uns anfällig für psychische Angriffe oder Schlimmeres machen. Du musst all den überschüssigen Stress und die Angst in die Erde schicken, um erneuert zu werden, aber du kannst dich scheinbar nicht darauf konzentrieren, das zu tun. Diese Flasche hilft dir, den Weg zu ebnen, indem sie die Erdenergie durch deinen Körper schiebt und alle unerwünschten Energien mitnimmt.

- Du brauchst eine kleine Flasche in der Größe eines Whiskey Shooters, deine Kreismaterialien, eine braune Kerze und etwas Erde in einer Schale. Halte einen kleinen Trichter bereit oder bastle dir einen aus einem kleinen Stück Papier.

- Ziehe den Bannkreis.

- Nimm die Kerze in die Hand. Stell dir vor, dass tiefbraunes Licht aus dem Boden (statt aus deiner Hand) in die Kerze fließt. Sage: "In die Erde fließt all mein Stress. Ich bin klar und ruhig und vollkommen gesegnet."

- Stelle die Kerze in ihren Halter und zünde sie an.

- Hebe die Schale mit der Erde auf. Stelle dir vor, wie das braune Licht der Kerze in sie hineinfließt und sage: "Erde zu Erde, der Kreislauf schließt sich. Allen Stress und alle Sorgen erkläre ich für erledigt."

- Singe weiter, während du die Erde in die Flasche gießt.

- Verschließe die Flasche und träufle etwas Wachs auf den Deckel.

- Halte die Flasche an dein Herz. Stell dir vor, wie das braune Licht in dich hineinfließt und deinen Körper und deine Aura durchtränkt. Stelle dir nun vor, wie das Licht durch die Unterseite deiner Füße in den Boden abfließt und all die schlechten Schwingungen mitnimmt.

- Verbanne den Kreis und räume auf.

- Wenn du dich besonders gestresst fühlst, wiederhole den letzten Schritt.

- Wenn du dich in einem Zustand ständigen Stresses befindest, musst du die Flasche vielleicht oft aufladen.

## Schlafschutz, den man überall dabei haben kann

Egal, ob du auf Reisen bist oder bei einem Freund übernachtest, dieser kleine Kerl gibt dir psychischen Schutz und süße Träume, wenn du dich außerhalb deiner Komfortzone befindest.

- Du brauchst eine dieser winzigen Flaschen mit Halskette, je eine Prise Salz, Lavendel und roten Pfeffer. Vielleicht auch zwei Prisen, je nach Größe des Fläschchens. Außerdem brauchst du eine Schüssel zum Mischen und ein kleines Stück Papier, das du zu einem Trichter falten kannst.

- Mische das Salz, den Lavendel und den roten Pfeffer zusammen. Stell dir vor, wie sich weißes, violettes und rotes

Licht ineinander verdrehen und in die Kräuter fließen.

- Sage: "Salz zum Reinigen. Lavendel zur Beruhigung. Pfeffer zum Schutz."

- Fülle die Flasche und verschließe sie gut. Du solltest sie tragen, wenn du schläfst, deshalb kannst du den Deckel mit etwas Heißkleber versehen.

- Halte die Flasche an deine Stirn und sage: "Beschütze mich, wo immer ich schlafe. Träume gut, träume tief."

- Vergewissere dich, dass sie aufgeladen und eingepackt ist, wenn du verreisen musst oder glaubst, dass du irgendwo über Nacht festsitzt.

## Zusammenfassung

In diesem Kapitel hast du gelernt:

- Was ein Kanisterzauber ist, was hineingehört und wie man sie entsorgt.

- Wie man Petitionen, Namenspapiere und Siegel für seine Kanisterzauber anfertigt.

- Die traditionelle Hexenflasche war der erste Kanisterzauber.

- Ein Bindungszauber für Kanister.

- Ein Haussicherheitszauber.

- Ein Kanister zum Verbannen von Feinden.

- Ein Kanister zum Brechen von Zaubersprüchen.

- Ein Kanister zum Vertreiben böser Geister.

- Ein Schutzflaschenzauber.

- Eine Freundschaftsflasche, um Feinde zu bekehren.

- Ein Flaschenzauber für Vertrauen und Kraft.

- Ein Flaschenzauber für Frieden.

- Ein Zauber für Schlafschutz.

# KAPITEL 9

## Schutz im Notfall

*Alle Dinge sind bereit, wenn der Geist es ist.*
- **William Shakespear**

Was ist Notfallschutz und wann brauchen wir ihn? Wie der Zauber "Körper des Schutzes" kann auch dieser überall durchgeführt werden, nur mit dir selbst als Werkzeug. Du hast wahrscheinlich in mehreren Büchern gelesen, dass du keine Werkzeuge brauchst, damit deine Zauber wirken, während andere Bücher detaillierte Zaubersprüche mit vielen teuren Werkzeugen geben. Sie erklären nicht, wie man ohne Werkzeuge zaubern kann, sondern informieren dich nur, dass du es kannst.

Das ist wahr. Du kannst jeden Spruch in diesem Buch nur mit dir selbst ausführen. Du bist die Hexe, und die Hilfsmittel sind nur lustige Dinge, die dir einen kleinen Energieschub geben. Du fragst dich vielleicht, warum wir überhaupt Werkzeuge benutzen, wenn wir alles in unserem Kopf machen können. Das klingt vielleicht einfacher, ist aber in Wirklichkeit schwieriger. Du musst deinen Geist und deine Energie trainieren, um die Ziele ohne die Hilfe der Werkzeuge und Zaubersprüche zu erreichen. Das erfordert viel Konzentration, aber du bist auf dem richtigen Weg, wenn du mit den Zaubersprüchen des Schutzkörpers arbeitest.

Wenn du dir sicher bist, dass du ohne Kerze oder Räucherstäbchen nichts tun kannst, stelle dir vor, dass du in deinem Kreis zu Hause bist und den Zauberspruch ausführst. Nutze die Kraft, die du an dem Ort aufbringst, an dem du dich gerade befindest. Wenn du an Erfahrung gewinnst, wirst du das nicht mehr tun müssen. Wenn du bereit bist, gibt es einige Übungen, die du machen kannst, um deine eigene Energie zu erhöhen oder von anderen Quellen zu leihen, um die Notfallzauber durchzuführen.

# Beschaffung und Anleihe von Energie

## Die eigene Energie erhöhen

Am liebsten reibe ich vor einem Zauber meine Hände aneinander, bis sie heiß werden, während ich mich auf mein Ziel konzentriere, um meine Energie zu erhöhen. Das kann auffällig sein, also empfehle ich nicht, es in der Öffentlichkeit zu tun.

Für eine diskretere Übung setze dich hin und stelle dir vor, dass deine Aura mit jedem Atemzug heller wird. Spanne deine Muskeln an, wenn du einatmest, und entspanne sie, wenn du ausatmest. Wenn die Aura doppelt so groß ist wie normal, hast du genug Energie, um den Zauber zu wirken.

Wenn du dich an einem Ort befindest, an dem du nicht gestört wirst (oder wie ein Verrückter angesehen wirst), kannst du ein kontinuierliches, leises Summen ausstoßen, während deine Aura wächst.

Das erfordert zwar etwas Übung, aber wenn du den Dreh erst einmal raus hast, ist es ganz einfach, die Energie zu erhöhen. Du solltest so bald wie möglich etwas essen und dich ausruhen, denn du verbrauchst dafür deine eigenen Energiespeicher.

## Ausleihen von Energie

Damit du dich nicht zu sehr verausgabst, kannst du dir Energie aus anderen Quellen leihen. Ich spreche nicht von Vampirismus, sondern von der Nutzung zusätzlicher Energie in deiner Umgebung. Die Sonne und der Mond sind großartige Quellen. Es gibt auch zusätzliche emotionale Energie, die in der Luft herumschwirrt wie Wlan. Die Landgeister leihen dir vielleicht etwas davon, wenn du nett fragst, und du hast die ganze Erde unter deinen Füßen. Die Möglichkeiten sind endlos.

Am einfachsten ist es, tagsüber Energie von der Sonne und nachts vom Mond zu borgen. Um von der Sonne zu borgen, stelle dir vor, dass helles, goldenes Licht durch deinen Kopf nach unten strömt. Spüre die Wärme bis hinunter zu deinen Zehen. Es füllt dich vollständig aus, bis deine Aura damit pulsiert. Das Ausborgen vom Mond ist dasselbe, nur dass du kühle, silberne Energie spürst, die dich ausfüllt, bis deine Aura damit pulsiert.

Emotionale Energie wird von den Menschen jeden Tag einfach nach draußen geworfen. Um sie zu absorbieren, stelle dir vor, dass deine Aura wie eine statische Masse wird, die nur diese zusätzliche Energie aufnimmt und keine andere. Sie bleibt an dir haften wie ein Fussel. Bevor deine Aura sie aufnehmen kann, muss sie gereinigt werden, damit sie reine Rohenergie ist. Stelle dir vor, dass die Flusen von stumpfem Grau zu leuchtendem Violett werden und dann in dich eindringen, damit du sie nutzen kannst. Du solltest dies eine Weile üben, bevor du es anwendest. Wenn du nicht bereit bist, die Energie zu filtern, könntest du schädliche Dinge wie Krankheit und Wut in dich aufnehmen.

Von der Erde zu borgen ist meine Lieblingsmethode, um diese Techniken anzuwenden. Die Erdenergie ist stabil, reichlich vorhanden und gibt sich immer frei. Mach dir keine Sorgen, wenn du dich in einem Haus oder in einem oberen Stockwerk befindest. Stelle dir vor, wie du von der Erde zu dir hochziehst. Die Farbe der Energie hängt davon ab, welchen Teil der Erde du benutzt - grün für Gras, dunkelbraun für Erde usw. Sie dringt durch die Unterseite deiner Füße ein (auch wenn du Schuhe trägst) und füllt dich bis zum Scheitelpunkt deines Kopfes. Stelle dir vor, wie sie sich ausbreitet und in deine Aura eindringt.

Das sind alle Werkzeuge, die du für die Notfallzauber brauchst. Warum sollte man überhaupt Zutaten und Requisiten verwenden? Weil es einfacher ist, einen kleineren Energiestoß auf etwas zu konzentrieren, das dem Zauber seine eigene Energie verleiht. Das ist besonders hilfreich für diejenigen, die Schwierigkeiten mit der Visualisierung haben. Manche Menschen brauchen etwas Greifbares, das ihrem Unterbewusstsein sagt, dass sie einen Zauber durchführen und dass er funktioniert. Wenn du diese Übungen praktizierst, kannst du unterwegs jeden beliebigen Zauber durchführen.

# Reinigungszauber

Der Körper des Schutzes ist deine erste Verteidigungslinie, aber er kann sich abnutzen, wenn er mit zu vielen schlechten Schwingungen bombardiert wird. Einige von ihnen können an dir haften bleiben und dir den ganzen Tag verderben. Du wirst launisch, lethargisch und manchmal sogar körperlich krank. Wenn das passiert, ist eine Notreinigung angesagt, bevor du deinen Schutz verstärkst.

## Reinigung mit der Kraft der Sonne

- Wenn es Tag ist, nimm dir einen Moment Zeit, um still zu sitzen. Atme gleichmäßig und tief.

- Stelle dir vor, wie die goldene Energie der Sonne durch deinen Kopf nach unten fließt.

- Spüre, wie die Hitze alle schlechten Schwingungen und äußeren Einflüsse wegbrennt.

- Sie fließt durch die Unterseite deiner Füße nach unten und verschwindet in der Erde, um gelöscht zu werden.

- Stelle dir vor, wie sich der Strom von oben wegbewegt, zurück in den Himmel, wo er hingehört.

- Verstärke deinen Körper des Schutzes.

Du kannst einen Ort oder ein Objekt mit dieser Kraft reinigen.

- Stelle dir vor, dass die Kraft der Sonne nicht durch deinen Körper fließt, sondern sich auf den Arm deiner Schreibhand und aus deiner Handfläche herausbewegt.

- Spüre die Wärme auf deiner Hand und sieh das helle, goldene Licht.

- Leite die Energie in das, was gereinigt werden muss.

- Wenn du die Hitze immer noch spürst, lege deine Handfläche an einen Ort, der sie absorbieren kann - einen Baum oder den Boden.

- Stelle dir vor, wie der Strom von oben zurück in den Himmel fließt.

## Reinigung mit der Kraft des Mondes

- Wenn es Nacht ist, kannst du den Mond für die Reinigung nutzen.

- Statt heißem goldenen Licht bringst du kühles silbernes Licht herab.

- Stelle dir vor, dass sie wie eine kühle Dusche durch dein Inneres strömt.

- Er wäscht alles weg, was nicht gesund für dich ist.

- Er fließt durch den Boden deiner Füße in die Erde, um recycelt zu werden.

- Stelle dir vor, wie die Kraft des Mondes vom Boden zum Himmel wandert, wo sie hingehört.

- Verstärke deinen Körper des Schutzes.

Du kannst Orte oder Gegenstände mit der Kraft der Sonne reinigen. Das ist eine sanftere Reinigung, aber genauso wirksam.

## Reinigung mit der eigenen Kraft

Das Reinigen mit der eigenen Kraft kann etwas schwieriger sein, wenn du wenig Energie hast. Du musst dir vielleicht einen Moment Zeit nehmen, um sie aufzubauen.

- Setze dich ruhig hin und atme gleichmäßig und tief.

- Stell dir vor, dass deine Aura mit jedem Einatmen heller wird.

- Wenn du das Gefühl hast, dass du genug Kraft gespeichert hast, schicke sie mit deiner Hand in das, was du zu reinigen hast.

- Wenn du dich selbst reinigst, werden die ersten beiden Schritte ausreichen. Du baust reine Energie in deinem ganzen Körper auf, nicht nur in deiner Aura. Das wird dich automatisch reinigen.

# Schutzzauber

Ich verwende zum Schutz am liebsten hellrotes Licht, aber du kannst auch ein anderes verwenden, wenn es dir gefällt. Manche verwenden blau, lila oder schwarz. Das bleibt dir überlassen. Für mich ist Rot die Farbe des Kriegers.

## Schwert und Schild Schutzzauber

Das macht Spaß, aber vielleicht solltest du vor einem echten Notfall ein bisschen üben, denn du musst dir zwei Dinge gleichzeitig vorstellen und dich gleichzeitig mit der physischen Welt auseinandersetzen.

- Du wirst deine eigene Energie aufbringen oder dir welche leihen müssen, also konzentriere dich darauf, bis du das Gefühl hast, dass du genug hast.

- Stelle dir einen riesigen Schild aus rotem Licht vor dir vor. Er bewegt sich von selbst um dich herum und schützt dich, wann immer du ihn brauchst. Er wird alle Angriffe abwehren, die auf dich zukommen, mit oder ohne dein Wissen.

- Stelle dir nun ein riesiges Schwert aus rotem Licht neben dem Schild vor. Es zerstört die Angriffe, die der Schild blockiert hat, damit sie es nicht weiter versuchen können.

## Schutz aus der Ferne

Wenn du das Gefühl hast, dass jemand, den du liebst, beschützt werden muss, er aber nicht bei dir ist, kannst du ihm etwas von deinem Schutzkörper geben.

- Verstärke deinen Körper des Schutzes.

- Stelle dir vor, wie er sich ausdehnt und stärker wird, bis du das Gefühl hast, nichts mehr tun zu können.

- Stelle dir vor, wie die überschüssige Energie in deine Hand abfließt und einen Ball bildet.

- Schließe deine Augen und stelle dir vor, dass die Person dir gegenübersteht.

- Schleudere den Ball auf sie. Wenn er auftrifft, wird er explodieren und die Person mit ihrem eigenen Schutzkörper umgeben.

Du kannst dies auch mit Gegenständen, Tieren und Orten tun.

## Unsichtbarkeitsmagie

Alles, was du dir vorstellen kannst, kannst du auch ohne Hilfsmittel erreichen, solange du deine Ziele realistisch einschätzt. Du kannst nicht physisch fliegen, Blitze schießen oder buchstäblich unsichtbar werden. Magie funktioniert in Verbindung mit der physischen Welt, nicht gegen sie. Was du tun kannst, wenn du nicht bemerkt werden willst, ist deine Aura und deinen Schutzkörper anzupassen.

- Schließe deine Augen und konzentriere dich sowohl auf die Aura als auch auf den Schutzkörper, der sie bedeckt.

- Stelle dir vor, wie sie miteinander verschmelzen und das Licht (aber nicht die Kraft) von ihnen abnimmt.

- Stelle dir nun vor, dass sie reflektierend werden, aber nicht grell. Jede Negativität, die auf dich gerichtet ist, wird an dir vorbeiziehen.

- Das funktioniert auch, wenn jemand versucht, dich mit Hellsehen oder anderen Wahrsagemethoden auszuspionieren.

## Zaubersprüche, die du bei dir tragen kannst

Angenommen, du kannst noch nicht gut mit reiner Energie arbeiten, oder es macht dir keinen Spaß. Du kannst deine Werkzeuge und Zutaten immer noch benutzen, wenn du nicht zu Hause bist. Am einfachsten ist es, ein Amulett aufzuladen, das bei Bedarf aktiviert werden kann.

- Du brauchst ein Schmuckstück, das du nur zu deinem Schutz trägst.

- Halte ihn und schicke mit deiner Schreibhand rotes Licht hinein. Sage: "Ich beauftrage dich, mich automatisch mit einer Barriere aus Licht zu umgeben, wenn ich bedroht werde."

- Das ist sein einziger Zweck, deshalb solltest du ihn jeden Tag tragen. Mit der Zeit wirst du spüren, wann er aktiviert wird und kannst bei Bedarf zusätzliche Maßnahmen ergreifen.

Wenn du eine Möglichkeit hast, sie zu tragen, kannst du kleine Kanister mit Kräutern und anderen Utensilien bei dir haben. Geburtstagskerzen können in einem Hartschalenetui mitgeführt werden, um sie anzuzünden, wenn du etwas Feuerenergie brauchst. Streichhölzer sind ein guter Ersatz, da der Schwefel, mit dem sie hergestellt werden, eine natürliche Schutzwirkung hat. Alles kann aufgeladen und als Werkzeug verwendet werden. Die Kraft liegt in dir, nicht in den Dingen, die du benutzt.

## Schranke der Gedankenkontrolle

Es gibt viele Gebotszauber auf dem Markt. Die, die ich am

meisten verachte, sind gezielte Liebeszauber. Sie alle sind ein Eingriff in das Vertrauen und die Privatsphäre, aber letzteres ist nichts weniger als ein sexueller Übergriff. Bei all diesen Zaubern geht es darum, dir deinen freien Willen zu nehmen.

- Du brauchst etwas, das auf deinen Kopf passt, wie einen Hut, eine Baskenmütze, ein Haarband oder ein Stirnband. Für diejenigen, die Piercings haben, sind Augenbrauenringe und Ohrringe ideal, weil sie nirgendwo hingehen.

- Halte den Gegenstand in der Hand und stelle dir vor, wie die dunkelste schwarze Energie mit deiner Schreibhand in ihn hineinfließt. Sage: "Nur Dunkelheit füllt deinen Kopf, wenn du versuchst, in meinen einzudringen. Allein und versinkend, ohne Rettungsanker." Stelle dir vor, dass jeder, der versucht, deinen Geist zu kontrollieren, in ein schwarzes Loch gesaugt wird.

- Wenn du keine Kopfbedeckung zur Verfügung hast, kannst du das Problem umgehen.

- Klopfe auf deine Schläfen und deine Stirn, während du den Reim wiederholst.

- Stelle dir vor, dass sich zwischen den drei Punkten, an denen du geklopft hast, das gleiche schwarze Loch bildet.

## Gebetsperlen

Selbst wenn du keiner bestimmten Religion angehörst, sind Gebetsperlen ein mächtiges magisches Werkzeug, das du überallhin mitnehmen kannst. Sie helfen dir, deine Absicht inmitten von Ablenkungen zu fokussieren.

- Alles, was du brauchst, ist eine Perlenkette oder ein Perlenarmband. Es muss nicht speziell für Magie oder andere religiöse Rituale gemacht sein. Du wirst viel Energie hineinstecken, wenn du sie benutzt.

- Wiederhole deine Absicht jedes Mal, wenn du eine Perle berührst, bis du den Kreis geschlossen hast. Das können die kurzen Reime in diesem Buch, einfache Aussagen oder Affirmationen sein.

- Es gibt kompliziertere Möglichkeiten, Rosenkränze und Mala-Perlen zu verwenden, aber diese sind religionsspezifisch, und diese Methode ist am besten für Notfälle geeignet. Ich verwende sie ständig und habe große Veränderungen bei mir selbst und in meinem Umfeld festgestellt.

## Auge des Hurrikans - Zauberspruch

Feuer ist das Element des Schutzes, aber es ist auch das Element der Wut. Wenn du dir sicher bist, dass du psychisch angegriffen, verflucht oder von zornigen Geistern verfolgt wirst, kannst du schnell diese Barriere um dich und deinen Raum errichten.

- Hol dir Energie aus dem Element Wasser. Stelle dir eine Sturzflut vor, die auf dich zuströmt. Anstatt sich auf dich zu stürzen, umgibt sie dich und die Umgebung. Sie wirbelt um dich herum und gewinnt an Kraft, während sie sich bewegt, bis sie zu einem stationären Wirbelsturm wird. Du bist das Zentrum, und du kontrollierst ihn.

- Jede feurige Wut kann diese wirbelnde Wasserwand nicht durchdringen. Sie verlöscht sofort.

- Wenn du außer Gefahr bist, stell dir vor, dass sie sich umkehrt, bis die Sturzflut sich zurückzieht und verschwindet.

## Zusammenfassung

In diesem Kapitel hast du gelernt:

- Was ein Notfallschutz ist und wann du ihn brauchst.

- Der Prozess der Energiebeschaffung und -entnahme für deine Zaubersprüche.

- Reinigung mit der Kraft der Sonne.

- Reinigung mit der Kraft des Mondes.

- Reinigung mit der eigenen Kraft.

- Ein Schutzzauber mit Schwert und Schild.

- Schutz aus der Ferne.

- Unsichtbarkeitsmagie.

- Tragbare Zaubersprüche.

- Ein Barrierezauber zur Gedankenkontrolle.

- Wie man Gebetsperlen zum Zaubern verwendet.

- Das Auge des Hurrikan-Zaubers zum Auslöschen von Flüchen.

# Schlussfolgerung

Diese Zaubersprüche sind speziell für dieses Buch gemacht. Sie sind dazu gedacht, mit ihnen zu experimentieren und sie auf deine individuellen Bedürfnisse zuzuschneiden. Du kannst hinzufügen, weglassen oder ändern, was immer du brauchst. Auch wenn alle Menschen die gleichen Grundlagen zum Überleben brauchen, machen uns unsere individuellen Vorlieben einzigartig. Wenn du Rot als Liebe und nicht als Schutz ansiehst, ersetze es durch deine Wunschfarbe. Kombiniere mehrere Techniken in einem Zauberspruch, um eine starke Wirkung zu erzielen. Wenn du es vorziehst, Heilige zu bitten, dir bei deinen Zaubersprüchen zu helfen, dann tu das. Wenn du auf Lateinisch singen willst, nur zu. Magie arbeitet mit der Hexe. Das bedeutet, dass sie deinen individuellen Stil aus deinem Unterbewusstsein abruft. Wenn du neue Dinge lernst, verändert sich die Magie, mit der du experimentierst, mit dir. Wenn du etwas ausprobierst, das dir nicht zusagt, wird es wahrscheinlich nicht funktionieren. Folge deinem Instinkt.

Wenn du ein Anfänger bist und dich von all dem überwältigt fühlst, ist das in Ordnung. Übe den Körper des Schutzes und den

Bannkreis, bis du dich wohl fühlst, dann kannst du zum nächsten Zauber übergehen. Arbeite an einen nach dem anderen, bis du dich bereit fühlst, weiterzumachen. Blättere durch die Zaubersprüche und wähle den aus, den du am meisten brauchst, um damit zu beginnen. Magie ist keine Kunst der sofortigen Befriedigung. Sie darf nicht überstürzt werden.

Ungeduld ist eine weitere Gefahr. Wenn du mit deinem Zauber ungeduldig wirst, gehen die Dinge oft schief. Vielleicht vergisst du, eine Tür zu schließen, die du geöffnet hast. Dann lässt du dich von Astralparasiten und gelangweilten Geistern anstecken. Vielleicht zweifelst du an dir und deinem Zauberspruch. Er manifestiert sich nicht schnell genug für dich, also machst du ihn noch einmal. Plötzlich scheint alles schief zu gehen. Dein Zauberspruch funktioniert nicht und scheint sogar das Gegenteil von dem zu bewirken, was du beabsichtigt hast. Was ist passiert? Du hast deinen Zauber mit all den Zweifeln gefüttert und ihn sauer werden lassen. Also bitte, sei geduldig. Die Belohnungen überwiegen die Risiken.

Da dies ein Buch ist, das sich ausschließlich mit Schutzzaubern befasst, mag es den Anschein erwecken, dass das Praktizieren von Magie so gefährlich ist, wie es die Filme vermuten lassen. Sie ist nicht gefährlicher (vielleicht sogar weniger) als die physische Welt. Du musst nur lernen, welche Gefahren es gibt und wie du sie vermeiden kannst. Wenn du am Ende entscheidest, dass dieser Weg nichts für dich ist, ist das in Ordnung. Du ziehst nicht den Zorn der Götter auf dich und die Dämonen werden nicht von dir Besitz ergreifen. Jeder Suchende muss jeden verfügbaren Weg erforschen, bis er den seinen findet.

Ich hoffe, du hast dieses Zauberbuch informativ und praktisch gefunden. Ich habe versucht, mich von dem massiven Kommerz fernzuhalten, den ich beim Wachsen der Gemeinschaft beobachten konnte. Ich wollte euch wissen lassen, dass es in Ordnung ist, wenn ihr euch diese glänzenden Kristalle und Spezialöle nicht leisten könnt. Es ist in Ordnung, wenn du sie nicht haben willst. Du bist nicht mehr oder weniger eine Hexe, wenn du einen interessanten Stein auf dem Boden gefunden und beschlossen hast, dass er dein Hauswächter sein soll. Die Hexen von früher hatten all das nicht, und obwohl es toll ist, ein paar schöne Werkzeuge zu besitzen, ist das nicht immer notwendig.

Nutze deinen Verstand und deine Instinkte, und du wirst eine großartige Hexe sein. Verlasse dich nicht ausschließlich auf Zaubersprüche, um dich zu schützen. Der Zauberspruch ist nur das, was du benutzt, aber du bist der Schöpfer. Das heißt, du musst dir selbst vertrauen und an dich glauben. Setze deinen gesunden Menschenverstand nicht außer Kraft, nur weil Magie im Spiel ist.

## Der Gemeinschaft beitreten

Du hast dich also mit Magie beschäftigt und möchtest tiefer in die Hexerei eintauchen. Du hast beschlossen, dass eine aktive Rolle in der Gemeinschaft der richtige Weg für dich ist. Das ist fantastisch! Es gibt viele Online-Gruppen, denen du beitreten kannst, und wenn du eher auf den lokalen Geschmack stehst, gibt es sogar in ländlichen Gemeinden eine oder zwei. Wenn du in einer Stadt wohnst, ist das kein Problem.

Denk einfach daran, dass die Hexengemeinschaft genau wie jede andere ist. Es gibt wunderbare Menschen, die man treffen kann, aber es gibt auch einige, die unbeständig sind. Einige können geradezu böse sein. Vertraue niemandem, nur weil er ähnliche Interessen hat. Wenn dein Instinkt dir sagt, dass du weglaufen sollst, dann tu es.

## Ein Hinweis für Einsteiger

Du hast sicher bemerkt, dass dies kein Buch für Anfänger ist. Davon gibt es viele auf dem Markt und tonnenweise Informationen im Internet. Ein Anfänger kann diese Zauber durchführen und sollte das auch tun. Der Rat, den ich für dich habe, bezieht sich nicht auf Methoden, Werkzeuge oder gar Ethik.

# Wohin gehst du von hier aus?

Du kannst tun, was du willst, das ist das Schöne an der Zauberei. Du hast alles, was du brauchst, um dich auf deiner Reise zu schützen. Wenn du deine Zaubersprüche einsetzen willst, um deine Situation zu verbessern, wie ich es getan habe, ist das großartig. Wenn du jemandem, der dir Unrecht getan hat, Gerechtigkeit widerfahren lassen willst, ist das auch großartig. Sei einfach sicher da draußen. Hier ist ein Bonus, wenn du das Gefühl hast, dass du es einfach nicht schaffst.

## Bonuszauber für Stärke

Es geschehen Dinge, die wir nicht kontrollieren können. Das Leben ist hart, und im Moment hat die ganze Welt zu kämpfen. Manchmal kannst du nichts anderes tun, als dich zu verstecken und den Sturm zu überstehen. Dieser Zauber wird dir helfen, die

Kraft zu sammeln, die du brauchst, um deine Probleme zu überwinden.

- Du brauchst eine Kerze (vorzugsweise rot, aber auch weiß ist gut), Stift und Papier, eine feuerfeste Schale und ein Feuerzeug.

- Nimm die Kerze in die Hand und stell dir vor, dass rotes Licht durch deine Hand in die Kerze fließt und sag: "Mit der Kraft des Feuers habe ich die Kraft für (Name). Mit der Kraft des Mars habe ich die Kraft für (Name)."

- Wenn du das Gefühl hast, dass du genug Energie hineingesteckt hast, legst du den Stift ab.

- Nimm den Stift in die Hand. Zeichne das Symbol für Mars (einen Kreis mit einem rechten diagonalen Pfeil an der Spitze), während du singst.

- Zünde die Kerze an und stelle das Symbol vor die Kerze. Singe weiter, während du auf das Symbol schaust. Wenn es bereit ist, wird es blinken, verschwimmen oder für den Bruchteil einer Sekunde verschwinden.

- Zünde das Papier mit der Kerzenflamme an und lass es in die Schale fallen.

- Lass die Kerze vollständig ausbrennen. Wiederhole den Vorgang so oft wie nötig.

Mein Ziel ist es, jeden zu ermächtigen, der Magie praktiziert, ganz gleich, auf welchen Pfad dich diese Praxis führt. Viel Liebe und passt auf euch auf.

# Danke dir

*"Glück entsteht, wenn man Gutes tut und anderen hilft."*
*- Platon*

Diejenigen, die anderen helfen, ohne eine Gegenleistung zu erwarten, erfahren mehr Erfüllung, haben mehr Erfolg und leben länger.

Ich möchte dir bei diesem Leseerlebnis die Möglichkeit geben, dies zu tun. Dazu habe ich eine ganz einfache Frage... Wenn es dich kein Geld kosten würde, würdest du jemandem helfen, den du noch nie zuvor getroffen hast, selbst wenn du dafür keine Anerkennung bekommst? Wenn ja, möchte ich dich um einen Gefallen bitten, im Namen von jemandem, den du nicht kennst und wahrscheinlich auch nie kennen wirst. Sie sind genau wie du und ich, oder vielleicht wie du vor ein paar Jahren... Weniger erfahren, erfüllt von dem Wunsch, der Welt zu helfen, auf der Suche nach guten Informationen, aber nicht sicher, wo sie zu finden sind... hier kannst du helfen. Der einzige Weg für uns bei Dreamlifepress, unsere Mission zu erfüllen, Menschen auf ihrer spirituellen Wachstumsreise zu helfen, ist, sie zuerst zu erreichen. Und die meisten Menschen beurteilen ein Buch nach seinen

Rezensionen. Wenn du also dieses Buch als hilfreich empfunden hast, würdest du dir bitte einen kurzen Moment Zeit nehmen und eine ehrliche Rezension über das Buch hinterlassen? Es wird dich nichts kosten und weniger als 60 Sekunden dauern. Deine Bewertung wird einem Fremden helfen, dieses Buch zu finden und davon zu profitieren.

Ein weiterer Mensch findet Frieden und Glück ... ein weiterer Mensch findet vielleicht seine Leidenschaft im Leben ... ein weiterer Mensch erlebt eine Veränderung, die sonst nie stattgefunden hätte ... Um das wahr werden zu lassen, musst du nur eine Rezension hinterlassen. Wenn du auf Audible bist, klicke auf die drei Punkte oben rechts auf deinem Bildschirm, bewerte und rezensiere. Wenn du das Buch auf einem E-Reader oder Kindle liest, scrolle einfach bis zum Ende des Buches und streiche dann nach oben, um eine Bewertung abzugeben. Wenn das nicht funktioniert, kannst du die Seite des Buches auf Amazon oder in dem Geschäft, in dem du es gekauft hast, aufrufen und dort eine Bewertung abgeben.

**PS -** Wenn du dich gut dabei fühlst, einer unbekannten Person zu helfen, dann gehörst du zu meiner Art von Menschen. Ich freue mich darauf, dir auf deiner spirituellen Wachstumsreise weiter zu helfen.

PPS - Ein kleiner Life-Hack - wenn du jemandem etwas Wertvolles vorstellst, assoziiert er diesen Wert natürlich mit dir. Wenn du denkst, dass dieses Buch für jemanden, den du kennst, von Nutzen sein kann, dann schicke ihm dieses Buch und schaffe guten Willen. Ich danke dir von ganzem Herzen.

Dein größter Fan - **Layla**

# Referenzen

Alexander, S. (2008). *Das Buch mit allen Zaubersprüchen und Charms*. Adams Media.

Anderson, P. (2021). *The Jar Spells Compendium* (1. Aufl., Bd. 1, S. 253). Amazon Kindle.

Angelie Belard. (2020). *Hoodoo für Anfänger: Zaubersprüche in Wurzelarbeit und Beschwörung mit Wurzeln, Kräutern, Kerzen und Ölen*. Hentopan Verlag.

Angelou, M. (2008). *"Ich weiß, warum der gefangene Vogel singt"*. *Level 6*. Penguin. (Originalwerk veröffentlicht 1969).

Becker, M. J. (2022). *Eine amerikanische Hexenflasche - Archäologie Magazin Archiv*. Archive.archaeology.org.

Cabot, L., Cabot, P., & Penczak, C. (2015). *Laurie Cabot's book of shadows*. Copper Cauldron Publishing.

Cabot, L., & Thomas Dale Cowan. (1992). Die *Macht der Hexe*. Arkana.

Cohen, C. (2016, Mai 9). *Shots of Wit | "Krieg und* Frieden.... Shots of Wit.

Conway, D. J. (2001). *Wicca: Das komplette Handwerk*. Crossing Press.

*Staub auf der Flasche.* (1994). [Album]. Tony Brown.

Felder. (2021, 8. November). *Hexenglöckchen: Ihre Geschichte, Überlieferung und Verwendung.* Jenseitiges Orakel.

Fortune, D., & Greer, M. K. (2020). *Psychische Selbstverteidigung: Das endgültige Handbuch, um sich vor paranormalen Angriffen zu schützen.* Red Wheel/Weiser.

Grimes, S., & Grimes, S. (2020, März 4). *Woher kommen die "tibetischen" Klangschalen wirklich?* Tricycle: The Buddhist Review.

Harris, K. (2022, August 15). *Das böse Auge.* History Daily.

Hicks, E., & Hicks, J. (2007). *Das Gesetz der Anziehung.* Hay House.

Jäger, D. (2016). Das *Buch der Macht der Hexe.* Llewellyn Publications.

Illes, J. (2009). *Enzyklopädie der Geister : der ultimative Leitfaden zur Magie von Heiligen, Engeln, Feen, Dämonen und Geistern.* Harperone ; Enfield.

Judika Illes. (2008). *Die Enzyklopädie der 5000 Zaubersprüche.* Harperone.

K, A. (2006). *Wahre Magie: Ein Leitfaden für Anfänger.* Llewellyn Publications.

Laura Tempest Zakroff. (2018). *Sigil witchery : a witch's guide to crafting magick symbols.* Llewellyn Publications.

Malbrough, R. T. (1986). *Charms, Zaubersprüche und Formeln für die Herstellung und Verwendung von Gris-Gris, Kräuterkerzen, Puppenmagie, Räucherwerk, Ölen und Pulvern - um Liebe, Schutz, Wohlstand, Glück und prophetische Träume zu erlangen.* Llewellyn Veröffentlichungen.

Mat Auryn (2020). *Hellseherische Hexe.* Llewellyn.

*Merriam-Webster Wörterbuch.* (2022). Merriam-Webster.com.

Morrison, D., & Blackthorn, A. (2020). *Völlig verrucht: Verhexungen, Flüche und andere widerwärtige Vorstellungen.* Weiser Books.

Moskowitz, C. (2014, August 5). *Fakt oder Fiktion?: Energy Can Neither Be Created Nor Destroyed.* Scientific American.

Penczak, C. (2004). *Der Schild der Hexe: Schutzmagie und psychische Selbstverteidigung.* Llewellyn Publications.

Penczak, C. (2006). *Instant magick: alte Weisheit, moderne Zauberei.* Llewellyn.

Regan, S. (2021, Dezember 24). *Die eine Sache, die Ihre Rituale vermissen lassen (und wie Sie Ihre eigenen machen).* Mindbodygreen.

Riva, A. (1980). *Kerzenzauber: ein Zauberbuch mit Ritualen für Gut und Böse.* Internationale Importe.

Swindells, R. E., & Shakespeare, W. (2010). *Henry V.* A. & C. Black.

Three Dog Night. (1973, 11. Mai). *Shambala* [Album]. Richard Podolor.

U D, Frater. (2012). *Praktische Siegelmagie: Persönliche Symbole für den Erfolg schaffen.* Llewellyn Publications.

Ward, K. (2020, Juni 9). *Tatsache: Du kannst deinen Raum mit Klang reinigen.* Cosmopolitan.

www.ingramcontent.com/pod-product-compliance
Lightning Source LLC
Chambersburg PA
CBHW071148120626
46546CB00006B/2165